Tradução-Exu

[ensaio de tempestades a caminho]

Guilherme Gontijo Flores & André Capilé

Tradução-Exu
[ensaio de tempestades a caminho]

Guilherme Gontijo Flores & André Capilé

Relicário

O cavalo sou eu e também a sua negação.
Edimilson de Almeida Pereira, "Visitação"

Os tambores falam; são seres sagrados, dotados de força vital.
Lépine, "Análise formal do panteão nagô"

Aunque pequeño, un kereké, un chiquillo, a Elleguá
hemos de considerarlo, sin discusión, como el más
temible de los orishas. "Tiene la llave del destino."
Lydia Cabrera, *El monte*

Pastiche is literary history naming itself, pronouncing its surface content to be the displaced content of intertextual relations themselves, the announcement of ostensibly concealed revision. Pastiche is an act of literary "Naming"; parody is an act of "Calling out of one's name".
Gates Jr., *The Signifying Monkey*

Exu não me arruíne,
não falseie a palavra em minha boca,
não extravie o passo dos meus pés;
você, que traduz a palavra de ontem
em novas falas,
não me arruíne:
eu trago teu ebó.
Trecho de itã de Exu tirado de Ayọdele Ogundipẹ, *Ẹ̀ṣù Ẹlẹ́gbára*

PREFÁCIO

X de Exu ou a arte de traduzir (n)as encruzilhadas

Eduardo Jorge de Oliveira

Traduttori traditori, ao que parece, surge de uma coleção de provérbios toscanos. Trata-se de uma fórmula que vira e mexe não tarda em aparecer em discussões sobre a tradução. Mas a tradução é uma arte que, no livro de André Capilé e Guilherme Gontijo Flores, pode ser considerada dos metais. Arte da forja, arte do corte. *Tradução-Exu* é um ensaio que expõe a arte das encruzilhadas das línguas, das culturas, dos corpos, dos gestos transportados do alto para o baixo, da direita para a esquerda, com a força do vice-versa para, assim, manter presente não apenas as mais variadas direções como também o valor do próprio trânsito. Alguém já viu Exu parado? Não é necessário se enganar, pois mesmo parado ele está em movimento. Exu pode ser entendido como o mestre da encruzilhada, ou ainda o X que separa o "eu", sendo um gesto que ultrapassa qualquer realização puramente formal, porque Exu é forma-conteúdo indistinta. Exu não é o sentido que falta, mas o que salta, que brinca de uma palavra a outra, que trapaceia, que prega peças, além de animar o espírito do texto.

*

Exu salta ao longo das páginas do presente ensaio porque ele se diverte com as cronologias que fazem a seu respeito. Ri das anedotas das quais ele é objeto e também provoca, *com* e *sem* heroísmo, as aventuras anônimas dos corpos, pois sem tal matéria nenhuma tradução é possível. A tradução de um texto é carne e osso. E para isso tradutoras e tradutores se transvestem: em busca do Exu para cada texto emitem faíscas, chispas, estilhaços. Não existe tradução sem pacto. Mas o pacto, por não possuir nenhuma dimensão contratual, beira o que está figurado nas páginas do *Grande Sertão: Veredas*, ele é dúvida, ambiguidade, confusão. Diga-se de passagem, nem sempre Exu é diabo. Ele pode até fazer as vezes de demo, mas o espírito *trickster* da confusão nem sempre é do demo.

*

Vejamos outro ponto transversal na tradução: a torre de Babel. Muito se fala sobre Babel, essa boca coletiva que representa a sinonímia de uma confusão entre as línguas para que a humanidade não atinja a abóbada do céu. Quase nada se comenta sobre a possibilidade de uma torre ter sido arruinada pelas próprias encruzilhadas linguísticas. Fato que pode ocorrer na própria língua materna, pois ela também é dotada de exus que, aos saltos e em passos lentos, sussurram soluções duvidosas, direções diversas. Para eles, os tantos exus que houver nas encruzilhadas, as diacronias são objeto de bocejo. Cada tradutora, cada tradutor transpira na sua labuta com os metais das letras, pois Exu ajuda e atrapalha até que se atinja um sentido exato que não vem sem um preciso mal-entendido, ou ainda, uma ruptura entre original e versão que, por sua vez, se torna um novo original. Quando isso acontece, Exu chora, Exu ri. E salta novamente.

*

André Capilé e Guilherme Gontijo Flores entendem do riscado. Eles sabem através de práticas poéticas e tradutórias o que escreveu Henry Louis Gates Jr., que Exu é "deus da indeterminação, rege esse processo interpretativo; ele é o deus da interpretação porque incorpora a ambiguidade da linguagem figurativa". Sua figuração repousa na grafia do seu nome tanto no iorubá quanto em português, Èsù-Exu. Na dimensão figurativa da linguagem, ele é origem e destino. E quem seria a tradutora, o tradutor senão aquele que possui as chaves das línguas, seus truques, a ponto de ser a senhora, o senhor do que, na tradução, poderia ser chamado de "língua-truque". Mas atenção, engana-se quem pensa que só de truques vive a tradução. Por mais que existam atalhos, encruzilhadas, a fuga da lógica causal, Exu é mestre de um mimetismo único. Ele é uma força que tanto está na *Poética* de Aristóteles (e por que não também no famoso livro desaparecido do filósofo grego, a *Comédia*) quanto nas práticas orais afro-brasileiras. Como escrevem brilhantemente os autores: "Exu é uma força dinâmica que encarna em si os cruzamentos alógicos e mostra como os pontos de vista são relacionais e interligados para além da aparência". Mas a aparência é um lugar seguro para Exu, que pode transitar mesmo pela transcriação ou pelas intra ou extraduções dos irmãos Campos, pois, como escreveu Edimilson de Almeida Pereira, "o poeta sabe que se aventura na obscura floresta de signos que é Exu".

*

O que a leitura deste livro proporciona é que a tradução é uma arte do transporte de sentidos. Não se trata apenas de passar de uma língua a outra, mas de perceber que cada língua é uma rede complexa de metabolismos culturais e espirituais. O que se come, o que se bebe, as vestimentas, tudo parece assumir um lugar importante no cosmos das palavras. Gontijo Flores e Capilé estão atentos ao fato de que Exu brinca, mas "*trabalha* para o orixá a que está ligado, pois ele transporta as oferendas do mundo material para o mundo espiritual", como figura em uma das citações do livro. Mas também Exu conecta corpos em diáspora, línguas deslocadas, gestos ancestrais que são, por sua vez, gestos futuros. Nesse sentido, a tradução lida com os mais diversos graus de violência histórica praticada contra corpos que se tornaram precários ao longo dos séculos. A tradução faz com que tais corpos, por um lado, se *dis-ponham* em estado de atenção permanente, e, por outro, despertem continuamente para uma beleza contida pelas forças coloniais, que sempre assumem novas formas de estar em ação. Exu age constantemente sob e sobre essa estrutura, sendo que ele é capaz de desfazê-la, como refletem Gontijo Flores e Capilé a partir da bela sentença de Leda Maria Martins: "Exu é jogo, é signo, é estrutura". Mas esta breve apresentação não busca adiar as páginas de *Tradução-Exu*, sobretudo as práticas nelas contidas, que passam por nomes como Shakespeare, Edgar Allan Poe, Byron, Adrienne Rich ou Dante, para citar apenas alguns dos autores contidos neste livro-encruzilhada.

Cara leitora, caro leitor: esta oferenda, este livro-ebó pode ser lido aos saltos, a qualquer hora do dia, da noite. Exu não vai te assombrar, mas vai te divertir, ô, se vai. Aliás, vocês vão se divertir.

Enugbarijó

Kiuá Nganga Pambu Njila — Mojubá Legbá — Laroiê Exu.

Há poucos anos, eu e Rodrigo Gonçalves traduzimos "The Raven", de Edgar Allan Poe, como "O Urubu" e intitulamos o projeto de "tradução-exu" (Flores; Gonçalves, 2017), um termo que brevemente tentava compreender o processo de metamorfose crítica que queríamos ali realizar na transformação de um *raven-corvo* num *urubu* brasileiríssimo, que ainda por cima recusava a metafísica transcendental do pós-morte anunciado no *never more* com uma resposta mais dolorosa, igualmente rimada e de sons sombrios: "no teu cu" é o que responde o urubu, que assim pode ser lido também como resposta da cultura dos escravizados aos dilemas espirituais de uma casta de senhores. A associação do urubu com Exu aparece numa das *Cantigas de umbanda e candomblé* (Gaspar, 2011, p. 310), com ponto de Exu Mulambo, na umbanda:

Exu Mulambo é maroto,
Só olha pra moça bela.
Com uma garrafa de oti

Fica chamando da janela.
Ele é Seu Mulambo, é um exu,
Seu fetiche leva pena de urubu. (bis)

Mas não é na mera presença do urubu que se firma a tradução-exu ali proposta. O dilema maior parece ser ainda o de reconhecer na tradução um germe de metamorfose inacabada que precisa se desdobrar no campo da diferença *como experimento*. Isto é, a tradução não pode se conter num modelo pré-estabelecido do que é aceitável ou não sob seu rótulo; pelo contrário, é o limite da experiência que determina, em cada caso, até onde vai a tradução. Exu, nesse sentido, talvez seja mesmo uma metáfora funcional: orixá[1] das mediações (ele próprio comparável, a imensa

1. Kileuy e Oxaguiã (2018, p. 80) assim definem o difícil conceito em termos amplos: "Para o povo iorubá, o orixá (*òrìṣà*) é 'senhor da nossa cabeça', força poderosa da natureza que nos dá suporte físico e espiritual. Na nação fon as divindades chamam-se *voduns* e, na nação bantu, recebem o nome de *inquices*. É através dessas divindades que o mundo se revitaliza e regenera o seu equilíbrio e a sua harmonia. Criação divina de Olorum, nosso Deus supremo, os orixás são os intermediários entre esse ser divino e onipotente e os homens". Sobre as partes da pessoa, eis um excerto de Sàlámì e Ribeiro (2011, p. 34): "Os iorubás consideram a pessoa constituída dos seguintes princípios vitais: *ará*, *òjìji*, *ọkàn*, *ẹ̀mí* e *orí*. *Ará* é o corpo físico; *òjìji* é a representação visível da essência espiritual que acompanha o homem durante toda a vida, morrendo junto com *ará*, embora não sendo enterrado com ele. *Ọkàn*, cujo significado é coração, possui profunda relação com o sangue e é considerado a sede da inteligência e do pensamento intuitivo, a alma e a fonte originária de toda ação; *ẹ̀mí*, princípio vital, sopro vital, é intimamente relacionado à respiração, mas não se reduz a ela, pois se diz por ocasião da morte de uma pessoa que *ẹ̀mí* foi embora; significa também espírito ou ser. Uma das denominações de Deus é *Ẹlẹ́mí*, Senhor dos Espíritos. *Orí*, literalmente cabeça, designa *orí inú*, a cabeça interior, a grande responsável pelo destino pessoal, pelas oportunidades e dificuldades existenciais; e designa também a divindade pessoal, cultuada entre outras divindades, mas sendo, de fato, a mais importante de todas".

distância, ao Hermes-Mercúrio greco-romano)[2] e também do logro, desviador de sentidos, contorcionista que só assim permite mediações; é o tradutor-intérprete por excelência. Sua própria definição é instável e demanda a mediação de corpos num rito. A tradução não pode se pensar fora de um corpo, nem pode se restringir à metáfora da condução, de um caminhão de mudanças. O que ela leva é a mutação.

Isso me faz voltar ao conceito que cunhei há mais de década, quando escrevia meu trabalho de mestrado sobre as *Elegias de Sexto Propércio* (Flores, 2014): à época, sugeri que toda tradução poética (e por poética entendo toda tradução que se recusa à pura semântica) teria de ser uma *diversão tradutória*. "Diversão", aqui, em seu equívoco etimológico, derivada do verbo *diuertere*, em latim: por um lado, a produção de um *prazer* (nossa acepção moderna de "divertimento"), que precisa encontrar um corpo baixo no tradutor e no público, força da estese; por outro, um procedimento de afastamento, de *divergência* em relação tanto ao original quanto às outras traduções. Uma instância não pode se dar sem a outra. Em algum nível, podemos

2. É notável a semelhança das funções, como lemos em Prandi (2001, p. 412-413): "[Olodumare] Confirmou Exu no cargo de mensageiro dos deuses,/ pois nenhum outro era capaz de se movimentar como ele./ Mas como Exu se cobrira todo com búzios para a reunião,/ e como búzio era dinheiro, Olodumare também dava a ele/ o patronato dos mercados e o governo das trocas". Ponto retomado por Sàlámì e Ribeiro (2011, p. 150) ao marcar a presença de Exu na "feira, espaço de trocas, de compra e venda". No entanto, recordo também o cuidado de Antônio Risério (1996, p. 71): "Tanto podemos aproximar (...) Hermes e Exu, mensageiros itifálicos, quanto podemos apartá-los". Podemos terminar essa discussão com um argumento menos científico e mais peniano-ridículo a partir de versos do poema "mavambo", de André Capilé (2019b, p. 59): "gargalha — transtorna o sorriso. não redunda/ em caralho, a foda; e o barro, o mais metonímia./ hermes, o do pinto menor, nem para a entrada".

falar da tradução como uma transfusão, tal como pensa Tiganá Santana Neves dos Santos:

> Se tradução (*nsekola*) é transfusão (*nsekola*), que líquido (*nkukula*) passa de um recipiente a outro? Zamenga B. lembra-nos dos líquidos enquanto símbolos e forças vitais para os *bakongo*. Entre os líquidos sagrados, poderíamos, simbolicamente, pensar na saliva (*mete*), representação *kongo* de "reconciliação". Traduzimos para nos re-conciliar — pois é inevitável e incessante o encontro com as alteridades que nos iludem e desiludem na nossa experiência com o real (tudo o que temos). A saliva é, também, muco, humor que materializa a fala, a língua falada, a linguagem narrada. Transfundimos narrativas (com as suas pausas-morte), e, no ato presente e posterior à transfusão, narramos nós mesmos. São narrativas a partir narrativas. Pontos de partida engrenados por outros pontos de partida. Assim, o que é (e permanece), necessariamente, distinto se funde. (2019, p. 184)

Ou seja, é por um encontro sempre divergente e corporal que essa transfusão se dá sem necessariamente ser um esgotamento do que se traduz. Logo na sequência, Santana conclui: "Evidentemente, a transfusão não esvazia as obras originais dos seus líquidos. Desdobra-os, fertiliza-os, renova-os e faz com que circulem, de outro modo, por outras veias, artérias e bocas". Nesse sentido, o toque de corpos que se desdobram em novas narrativas pode *re-conciliar*, mas não só numa ideia de harmonia estática, e sim por um processo complexo de fertilização. Tal como um Exu brincante que ao mesmo tempo media e distorce, assume e confunde seu cavalo,[3] a diversão tradutória recusa qualquer melancolia das perdas e aposta suas fichas na diferença como produção de estese. Ela é, assim, deriva crítica, e não pode ser parada em suas metamorfoses até que o campo seja experimentado num corpo. Exu, não à toa, é chamado muitas vezes de Enugbarijó, a boca coletiva que tudo fala, anunciando a tábua divinatória de opon-ifá e seus vínculos com o saber oracular. No candomblé do Brasil, por exemplo, o jogo de Ifá é feito com búzios e regido por Exu. Afirma Monique Augras:

> a *iaô* recebe, no decorrer da iniciação, um pote que contém o seu *Bara* pessoal [Exu regente do corpo individual], ou seja, o símbolo do seu próprio destino. É nesse pote que são conservados os 21 cauris que lhe correspondem, por ser 21 o número simbólico de Exu, senhor do poder de transformação: um búzio representa o próprio Exu Oxetuá, o *guardião*, o Grande Transformador; quatro cauris correspondem aos quatro elementos fundamentais; os dezesseis restantes representam as mesmas figuras que comparecem no oráculo de Ifá. (2008, p. 202)

Porém, a boca que tudo fala também é a que mais engana. É um tensionamento entre o dom do engano e seus vínculos com o desvelamento do oráculo, presente num dos mitos:

3. No mundo fon, Legbá e Ogum Xoroquê não "raspam ninguém", portanto não se manifestam nos corpos humanos (cf. Parés, 2018, p. 335). Sobre a etimologia de cavalo, é interessante considerar o termo quimbundo: "Kávalu, sub, (IX) Partidário; Companheiro. | Camarada. | Pessoa com que se tem relações de amizade. || Amigo de inverno: — *ha mutunge tanga; tanga i kabu, uamba uabatuka.* || • adj. Íntimo. | Privado" (Assis Jr., s.d., p. 106).

Como se explica a grande amizade entre Orunmilá e Exu,
visto que eles são opostos em muitos aspectos?
Orunmilá, filho mais velho de Olorum, foi quem trouxe aos humanos
o conhecimento do destino pelos búzios.
Exu, pelo contrário, sempre se esforçou
para criar mal-entendidos e rupturas,
tanto aos humanos como aos orixás.
Orunmilá era calmo, e Exu, quente como o fogo.
Mediante o uso de conchas adivinhas,
Orunmilá revelava aos homens as intenções do supremo deus Olorum
e os significados do destino.
Orunmilá aplainava os caminhos para os humanos,
enquanto Exu os emboscava na estrada
e fazia incertas todas as coisas.
O caráter de Orunmilá era o destino, o de Exu, o acidente.
Mesmo assim ficaram amigos íntimos.
(Prandi, 2001, p. 76. Cf. também Courlander, 1973, p. 59-62)

Essa estreita relação[4] se complementa com o vínculo com as Iyami Oxorongá, "as Mães Ancestrais, que, por sua vez, exercem influência sobre todos os odus do jogo oracular e sobre todos os ebós (...) são as 'donas da existência', guardiãs do destino humano" (Sàlámì; Ribeiro, 2011, p. 164-165); segundo Elbein dos Santos (2012, p. 186), é somente por meio de Exu que elas podem ser adoradas. Não se trata de simples dicotomia de um princípio do bem e da ordem contra outro do mal e da desordem; seria muito simplório

4. Narrada também em mais dezoito odus transcritos e traduzidos por Sàlámì e Ribeiro (2011, p. 237-325), além de aparecer *passim* em Hernández (2015) e ser um subcapítulo entre as páginas 121 e 134.

opor os oráculos de Ifá e de Exu, quando os dois estão presentes em toda arte divinatória, o que fica ainda mais claro com a presença de Exu Elebó, o portador de oferendas para todos os orixás e para a realização dos oráculos.[5] Henry Louis Gates Jr. percebe bem a potencialidade de linguagem aí inscrita até os limites da teoria literária:

> Ifá é o deus dos sentidos determinados, porém seu sentido deve ser entregue por analogia. Exu, deus da indeterminação, rege esse processo interpretativo; ele é o deus da interpretação porque incorpora a ambiguidade da linguagem figurativa. Embora tenha permitido que seu amigo Ifá reja e nomeie os textos da tradição, é Exu quem detém domínio sobre o ato de interpretação precisamente porque ele significa a própria divindade do figurativo. Para Ifá o sentido procurado por alguém é patente e óbvio; basta ser lido. Exu decodifica as figuras. (1988, p. 21)

Exu ainda por cima interpreta para o consulente por sua vez desdobrar a interpretação para a comunidade, ou seja, ele desdobra a clareza de Ifá para um jogo interpretativo já em abismo. No filme *Bahia de todos os Exus* (1978), de Tuna Espinheira, ouvimos a possibilidade de ver Ifá como desprovido de esqueleto, sendo Exu seu esqueleto, o que mostraria perfeitamente sua simbiose — ou, então, saindo da ideia de vida (*bíos*) para o divino (*theos*), uma sinteose. De fato, mais do que mero enganador que contraria a verdade, Exu-Legbá é "a um só tempo 'oficial de polícia', 'carrasco' e 'agente provocador'" (Capone, 2004, p. 56);

5. Cf. o Odu Oxe Tuá (*Odù Ọ̀ṣẹ̀ Tùwá*) transcrito e traduzido por Elbein dos Santos (2012, p. 150-181).

assim, entre os fons, Legbá "é para as divindades e para Fá o que a sombra é para a pessoa, a frente é para o verso" (Maupoil, 2017, p. 98). Em outras palavras: o mensageiro do destino é o acidente, a boca que tudo engole e fala. Por isso, talvez, Acevedo o designe paradoxalmente como "dono absoluto do destino" (2019, p. 10).

Exu

Exu, em sua origem iorubá, é *Èṣù*, a esfera, uma acepção retomada por vários estudiosos e comentadores mas pouco desenvolvida conceitualmente, de modo que permanece pouquíssimo clara a sua relação com a divindade em suas funções de mensageiro, guardião do corpo, da língua, dos truques etc.[6] Gostaria de pensar uma relação de imagem por contraposição à sua figuração feminina, noutra liturgia, como Pombagira, termo que é uma corruptela para a divindade cultuada nos candomblés Angola-Congo, chamada Pambu Njila, Pambu Nzila, ou *pambu a-njila*, em quimbundo. Seu nome, justamente, entrega por aglutinação o plano múltiplo de "encruzilhada" (*mpambu*) e "caminho" (*njila*), configurando-se como lugar do "corte", do "atalho". A partir da inclusão pronominal de tratamento *ngana* (senhor), assume-se a divindade banta Nganga Pambu Njila como "O

6. Muniz Sodré (2017) apresenta outra acepção que ligaria o prefixo *è* com a raiz *ṣu*, no sentido de "defecar"; porém a segunda sílaba é marcada por outro tom, sendo grafada *ṣù*, que sugere "transformar" e "circular" segundo o dicionário de Jagun (2017).

Senhor das Encruzilhadas e Caminhos", no que prefiro, talvez: Senhor dos Caminhos Cruzados, ou Senhor dos Atalhos, das Trilhas Cortadas. Na umbanda, o termo acabou designando a versão feminina dos povos de rua, as pombagiras. Se tomarmos uma maior liberdade e concebermos, mais do que um sincretismo religioso próximo ao vigente, uma verdadeira fusão de correntes diversas com suas contradições inevitáveis, podemos então imaginar uma esfera (aqui um círculo) cortado por uma cruz na forma de uma encruzilhada, e assim teremos a seguinte imagem:

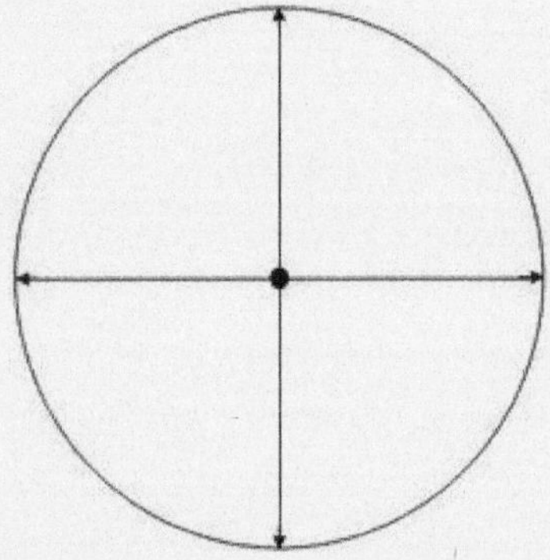

Agora, seguindo a fusão arriscada, contrastemos essa imagem com o cosmograma banto-congo descrito por Fu-Kiau, com os quatro sóis em forma de V num movimento espiralado, que vai de uma massa amorfa da noite até o retorno na morte:

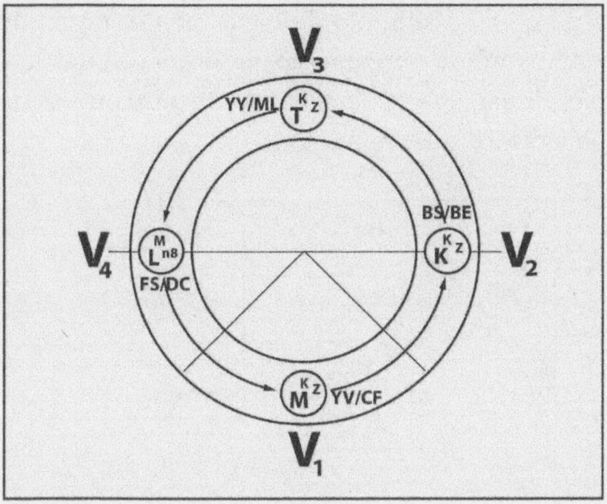

Assim o explica Fu-Kiau:

> (...) esses pontos de demarcação, no pensamento Bântu-Kôngo, são os quatro grandes "sóis" de todos os processos de formação de mudança. O primeiro (sol *Musoni*) é o sol do "ir para" [*lutumu lwa mvangumunu*] todos os começos; o segundo (sol *Kala*) é o sol de todos os nascimentos; o terceiro (sol *Tukula*) é o sol da maturidade, liderança e criatividade; o quarto (sol *Luvèmba*) é o sol da última e maior mudança de todas, a morte. (citado por Santos, 2019, p. 101)

Se então considerarmos que o cosmograma seja um círculo (ou mesmo uma esfera), estamos numa proximidade com a imagem de Exu, porém ainda sem realizar plenamente sua potência paradoxal, já que seguimos uma linha espiralada do tempo. Essa noção da espiral está no vínculo, no mundo iorubá, entre Exu e o caracol *òkótò*, que funciona também como um pião com um só pé e como símbolo de crescimento, de modo que poderíamos ainda torcer o cosmograma anterior numa versão espiralar, que remete à regra de ouro ou à sequência de Fibonacci, como o seguinte:

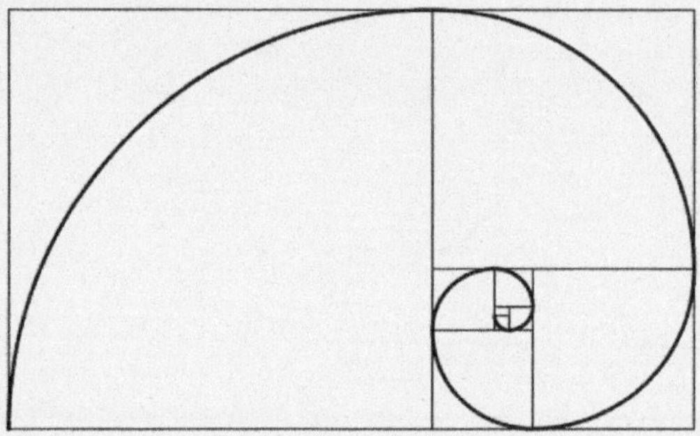

A descrição que Juana Elbein dos Santos faz da relação da espiral do caracol com Exu chega ao ponto:

> Uma análise da imagem do *Òkótò* com quem *Ẹ̀ṣù* está associado é essencial. Já mencionamos o *Òkótò* em relação com o significado dinâmico do triângulo e do cone. O *Òkótò* é uma espécie de caracol e aparece nos motivos das esculturas e como emblema entre os que fazem parte do culto de *Ẹ̀ṣù*. Ele consiste em uma concha cônica cuja base é aberta, utilizado como pião. O *Òkótò* representa a história ossificada do desenvolvimento do caracol e reflete a regra segundo a qual se deu o processo de crescimento; um crescimento constante e proporcional, uma continuidade evolutiva de ritmo regular. O *Òkótò* simboliza um processo de crescimento. O *Òkótò* é o pião que apoiado na ponta do cone — um só pé, um único ponto de apoio — rola "espiraladamente" abrindo-se a cada revolução, mais e mais, até converter-se numa circunferência aberta para o infinito (cume oco). (2012, p. 143)

Poderíamos pensar essa potência e abertura, porém, com o corte de Pombagira, que atravessa a espiral em pontos alternados, produzindo atalhos, encruzilhadas, que não seguem a cronologia dos eventos nem a lógica da causalidade, quase como buracos de minhoca na teoria física do espaço-tempo. Pois sim, Exu matou ontem o pássaro com a pedra que atirou hoje,[7] contrariando a sequência temporal. No aspecto espacial, ele também inverte, por exemplo, as noções de amplo e estreito, como vemos neste trecho cubano relatado por Rogelio Martínez Furé:

> Eshu durmió en la casa,
> pero la casa era demasiado pequeña para él.
> Eshu durmió en la galería,
> pero la galería era demasiado pequeña para él.
> Eshu durmió en una nuez.
> ¡Al fin pudo estirarse!
> (citado por Martínez; Potts, 2016, p. 89)

Se finalmente chegamos a uma proposição tradutória, fica claro que não está sendo tratada a tradução-exu por uma tradução negra, vide o pertinentíssimo conceito de Tiganá Santana Neves Santos para sua tradução das sentenças proverbiais quicongo (2019, p. 117-119). Do mesmo

7. Muniz Sodré tira desse aforismo uma injunção filosófica: "a reversibilidade que afeta as componentes temporais estabelecidas incita poética e filosoficamente a uma tomada de consciência dos intervalos, das pausas, de vivências temporais compossíveis (não alucinatórias, nem psicopatológicas) e não subordinadas à mecânica cronológica do trabalho e da história. Em outros termos, uma abertura existencial ou uma tomada de consciência da presença forte do mito na história" (2017, p. 192). Embora seja uma proposição interessantíssima, penso que ele deixa de lado o fato de que a ação temporal de Exu é exclusiva, um marcador que exclui a contradição espaço-temporal para os outros viventes.

modo, a tradução-exu não pode ser um projeto de transcriação haroldiana no modelo do anjo parricida e luciferino; ela não é o projeto da transluciferação, que, por um instante que seja, quer ocupar o lugar do original e fazer com que este seja sua tradução, operando uma rasura da origem (Campos, 1981, p. 209). Exu é uma força dinâmica que encarna em si os cruzamentos alógicos e mostra como os pontos de vista são relacionais e interligados para além da aparência. Nesse sentido, a tradução-exu também não pode ser uma operação de crítica textual tradicional, que aponta indicialmente os aspectos mais importantes de uma obra.

Neste momento é interessante observar Edimilson de Almeida Pereira para pensar dois conceitos derivados de Exu que ele mobiliza a fim de refletir sobre a poesia brasileira contemporânea. Segundo Pereira, existem dois eixos interrelacionados, porém dialeticamente diversos: de um lado haveria o modo *Orfe(x)u*, misturando as categorias de Orfeu e Exu, com um predomínio dos atributos de Exu dentro do espaço literário; do outro estaria *Exunouveau*, operando um deslocamento linguístico e temporal de Exu com *Art nouveau*, marcado pela ação crítica e criativa sobre os mesmos atributos (2017d, p. 71). Assim ele se expressa:

> No modo *Orfe(x)u* o poeta reforça o discurso da tradição iorubá; essa tradição, fundamentada na experiência do sagrado, resolve-se numa equação em que um novo discurso, sem autonomizar-se, reconfigura para afirmar as bases do discurso gerado no âmbito das práticas rituais. Pode-se considerar, ainda, que o modo Orfe(x)u não promove uma ruptura entre a tradição e as possibilidades da experimentação poética e que, em função disso, não expõe a imprevisibilidade da poética de Exu aos riscos inerentes à

renovação literária. Nesse *modus operandi*, reside a garantia de se escrever um belo poema e de se enunciar uma bela metáfora — ambos alimentados pela fonte do oriki sagrado.

Por outro lado, no modo *Exunouveau*, como veremos, subsiste a possibilidade de se escrever um poema não necessariamente belo ou de fácil empatia. Isto porque o poeta sabe que se aventura na obscura floresta de signos que é Exu. Antes de tecer o poema, o poeta precisará sobreviver à travessia dessa floresta; somente depois disso se sentirá habilitado a ressuscitar, à luz da linguagem poética, aquilo que sempre inesperadamente iluminou o fundo escuro da floresta de signos. (2017d, p. 117)

Assim, no modelo *Orfe(x)u* os poetas alargariam as trocas entre literatura e antropologia, porém mantendo uma representação ainda bastante tradicional de Exu nos poemas que vão sendo produzidos (2017d, p. 140); ao passo que no modelo *Exunouveau* a apresentação tradicional é deixada de lado, numa aparição metamórfica através de coisas que, no poema, podem indicar uma presença de Exu que convida o leitor a identificá-lo ali, se aceitar o desafio. "Por ser maleável, polivalente e mediador, dentre outros atributos, Exu não se permite ser controlado" (2017d, p. 148).

Em algum momento, espera-se tensionar que uma tradução-exu não se apresenta como *Orfe(x)u*, porque não precisa apresentar os atributos tradicionais do pensamento e da poesia de origem africana em seu procedimento. Nem mesmo quando esse é o modo de produção — como no caso da tradução a ser apresentada mais adiante para o poema de Sebastian Brant —, porque o que está em jogo na tradução-exu, muito mais afim a um paradigma de

Exunouveau, é a mobilização crítica de um fazer poético e crítico afeito a Exu.

> Em linhas gerais, o modo *Exunouveau* nos reenvia à questão do reencantamento do mundo que Exu devora e recria. Essa questão é relevante para o sujeito do fazer poético, sobretudo aquele que, como o "senhor dos caminhos", fertiliza o solo da linguagem com suas metáforas e jogos de palavras, embora saiba que esses e outros instrumentos da comunicação sejam precários. (2017d, p. 149)

É, ao fim das contas, um desdobramento tradutório de uma poética instituinte que toma partido, mesmo que esse partido seja o do equívoco e o da contradição, como é o da contínua anunciação da morte da poesia, essa morta-viva:

> A poesia instituinte devora sua morte e com ela geramos metáforas imponderáveis, expomos as fraturas dos enunciados, redimimos a linguagem que ruboriza diante daquilo que não pode ser dito. Essa também é a poesia, ou melhor, uma certa experiência da poesia, que não ergue a cabeça acima de seus pares, porque, sem que estes percebam, ela é a flor-motor de todos os corpos e ambientes. (2017d, p. 150)

Como produzir essa flor-motor em tradução é o que nos move agora, porque a tradução leva a discussão para fora da afrodiáspora tratada por Pereira e convoca a relação com o passado da voz alheia. Propõe-se, brevemente, a tradução-exu como aquela que pode operar sua crítica-criativa da poesia numa dinâmica de contradições que enxerta na obra original movimentos absolutamente inaceitáveis do ponto de vista da semântica ou da hermenêutica tradicionais

("*Boten*/ojixé", "*raven*/urubu", "*Lenore*/Lulu", "*Nevermore*/ No teu cu", "*Sennacherib*/Seilaoquê", "*Angel*/ET", "*O no! it is an ever-fixed mark*/Aí deu ruim! que amor é ponta firme").[8] Tradução-exu essa que também promove o deslocamento crítico da metafísica celeste-lutuosa operada com Poe e bagunça o paradigma ocidental do olhar masculino, como veremos em uma tradução de Dante mais à frente.

A tradução-exu é um parricídio muito peculiar — não considera o sentido absolutamente inessencial, porque deseja num só gesto bater cabeça ao texto original e jogá-lo por terra, como Exu, que a um só tempo venera, serve e engana Orunmilá. Nesse sentido, a tradução-exu precisa também vir antes de seu original para desmontá-lo, enquanto lhe dá o procedimento crítico pela contradição, e não pelo apontamento; tudo isso sem qualquer pretensão de *Aufhebung* que nos leve a um novo estágio. Deslocamento de corpos em movimento e choque, transfusão da saliva da fala; a tradução-exu será um caso específico de risco e amor, desastre do desejo ainda cego e já no fio da faca, como Exu, que lança a verdade contando mentiras ou mente a bem do oráculo, sem estancar o sentido da verdade, mas apostando no paradoxo como a força das relações.

8. Aqui citadas algumas proposições tradutórias que serão encaminhadas, a seu tempo, ao longo do livro.

Elegbará

Tratar de Exu é tentar dar nó em pingo d'água, pegar fumaça com a mão: é um Proteu de modos e costumes, dínamo transformador e metamórfico que fascina e assusta. Pierre Fatumbi Verger, ao reparar seus aspectos múltiplos e contraditórios, já considerava a dificuldade de defini-lo (2018, p. 82; cf. Parés, 2018, p. 335; Pereira, 2017d, p. 107). Stefania Capone vê nele "uma complexidade raramente alcançada por outras divindades" (2004, p. 53). Penso nas etimologias de "susto" e "fascinação": "susto" vem provavelmente de *surctus*, corruptela do latim *surrectus*, o particípio de *surgere*, "levantar-se, erguer-se"; já "fascinação" vem de *fascinatio*, um feitiço ou encantamento ligado a uma potência sexual e fértil do falo, *fascinum*. É o que vemos na cabaça *àdó-ìran*, com seu pescoço longo formando um falo de fertilidade e criação. É também o símbolo do *ògo*, um bastão fálico que Exu carrega, ou mesmo o que aparece em algumas representações verdadeiramente priápicas.[9] Porém, ao mesmo tempo, com toda sua potência erótica, ele "não assume jamais o símbolo do procriador" (Elbein dos Santos, 2012, p. 185).

Exu é esse polo erótico-mágico que tanto estanca quanto faz sobressaltar quem o encara. Vamos começar então por alguns pontos fundamentais, partindo do candomblé da Bahia, segundo Edison Carneiro:

> Exu (Elegbará) tem sido largamente mal interpretado. Tendo como reino todas as encruzilhadas, todos os lugares esconsos e perigosos deste mundo, não foi difícil encontrar-lhe um símile no diabo cristão.
>
> (...)
>
> Ora, Exu não é um orixá — é um criado entre os orixás e um intermediário entre os homens e os orixás. (...) Não importa a qualidade do favor — Exu fará o que lhe pedirmos, contanto que lhe demos as coisas de que gosta, azeite de dendê, bode, água ou cachaça, fumo. Se o esquecermos, não só não obteremos o favor, como também Exu desencadeará contra nós todas as forças do Mal, que, como intermediário, detém nas suas mãos. (2008, p. 69)

9. "*Ẹṣu* é representado por um montículo de terra ou de laterita, que possui vagamente a forma de um homem agachado. Sob a forma de *Lẹgba*, entre os fon, enfeita-se com um falo de tamanho respeitável, objeto de observações de inúmeros viajantes antigos, que, erroneamente, o fizeram tomar pelo deus da fecundidade e da copulação. Na verdade, esse pênis ereto é a afirmação de seu caráter truculento, violento, desavergonhado e o desejo de chocar os bons costumes" (Verger, 2012, p. 127). Nesse aspecto também comparável a Hermes, por vezes associado a Priapo. Risério ainda atenta (1996, p. 112): "Sua representação visual é duplamente fálica: os cabelos arrumados sobre a cabeça como um ícone do pênis; o pau — enorme e duro". Por outro lado, Martínez e Potts afirmam que ele não assume tanto caráter sexual em Cuba (2016, p. 90).

Exu é e não é orixá, conforme será desdobrado, e não interessa aqui discutir essa afirmação de Carneiro. Mais interessante é a posição que toma partido de uma noção de *criado*. Há uma dinâmica discutível da interpretação da figura de Exu — primordialmente quando ligada à sua função de Exu-Bara, ou exu pessoal — como escravo. Como tem entre suas funções a atribuição mediadora do mensageiro, estabelecendo as vinculações entre o mundano e o divino, sendo participante ativo das vias oraculares, suas dobras são lançadas em ativa permutação e comércio. Serve a quem o serve; se recebe, devolve a quem oferta; em suma, quase uma afronta de oriqui, das relações de favor na tratativa com Exu: toma lá, dá cá. Sendo assim, enviesa as relações hierárquicas rasurando a funcionalidade fixada à servidão.

Se, entre os nagôs, *bara* é a vinculação primeva do corpo com o corpo (*ara*), desde a concepção, estabelecendo o plano de pessoalidade e pertencimento de um exu-particular, ao tomar a perspectiva banta, encontramos o termo que designa o mesmo assentamento com outra dinâmica de interações. *Ngâmba* tem a seguinte acepção: "aquele que transporta cargas ou faz fretes. Carregador. Servente empregado em transporte de cargas. Mensageiro" (Assis Jr., s.d., p. 38). O termo que designa "escravo" é *mubika*, e, dentre as cantigas do candomblé de Angola, uma de suas entoações foi, possivelmente, atravessada por esse sentido. Contudo, como o ouvido trai, e, do que se podia depreender de *mbimbi/ kwa kwa ko* (diante da malvadeza/ sorrindo cacareja), converteu-se no vão do tempo na ideia de escravizado. Embora se possa atribuir a Exu, entre muitas e todas as coisas, certos aspectos da invenção do trabalho e da paga de um salário, a perseguição constante de sua presença indeterminada e o reforço sincrético pelo negativo, pelo diabólico, geraram tal operação de corte e subalternização que, de certo modo, sua figura pode ser lida, sob um enviesamento cristianizado — e, se parecer abuso, talvez antes trancado em selo de Salomão —, como o artífice do ponto riscado.

Na verdade, pelo menos desde 1741, no tratado *Obra nova da língua geral de mina*, de António Costa Peixoto, Lega (corruptela de Legbá, o nome de divindade equivalente a Exu) é associado ao demônio (Ramos, s.d., p. 32).[10] Apesar desse pavor do demoníaco que o ronda, ele também é visto como *compadre*, uma figura familiar que muitas vezes "mora *dentro* da casa, como um *genius loci*", um guarda fiel. Essa designação de *compadre* implica então uma familiaridade estranha, caso ele fosse mera força do mal (Ramos, s.d., p. 70). Seja como for, essa ambiguidade entre bem e mal, auxílio e ameaça, aparece em invocações ríspidas como "Sai-te daqui, Aluvaiá,/ que aqui não é teu lugar".[11] Por isso conclui Carneiro: "Nos candomblés

10. Ao falar do sincretismo da umbanda, assim comenta Augras (2008, p. 31): "O deus Ioruba da transformação, a divindade daomeana da comunicação e da procriação foi, por causa de suas características fálicas e do seu comportamento de *trickster*, assimilada ao diabo cristão. Exu é representado como diabo vermelho e preto, que manda numa infinidade de demônios machos e fêmeas organizados em falanges". Cf. Parés (2016, p. 110-111), que mostra como os europeus faziam a leitura de figuras antropomórficas de Uidá, em 1680, como fetiches demoníacos, e como um viajante francês ao Daomé (atual Benim) reconhecia imagens vinculadas a Legba nas casas que eram designadas como "diabos"; esse francês ainda fala do *legbasi*, um iniciado em Legba que funcionava como serviçal do rei e era sacrificado quando da morte de seu mestre, para acompanhá-lo ao outro mundo.
11. Um dos termos da Nação Angola, *Aluvaiá* designa o inquice equivalente a Exu, que pode ter origem no quicongo *lu-vuya*, "aliança feita com uma entidade espiritual", como afirma o dicionário de Nei Lopes (2003). Ainda, conforme fixa Laman (1964), também a partir do qui-

nagôs e jejes, Exu é invocado em língua africana, mas, nos demais candomblés, a sua invocação não é amável, nem de sentido constante" (2008, p. 71).[12] Nesse aspecto duplo, talvez ele seja mesmo o mais humano dos orixás, como pensava Verger (2018, p. 82).

Raul Lody percebe em Exu um movimento de dinamização, pois ele "terá sempre sua carga atualizada do grupo social em que atua e lega sua imagem mítica de modelo" (2006, p. 116). Ou seja, Exu se transforma num diálogo com as várias camadas que o atravessam, seja no espaço rural, seja na cidade.[13] Paradoxalmente, Lody percebe no culto a Exu e aos exus a manutenção de certa

congo, encontra-se *lu-uùya* significando "direções sobre coisas legadas por meio de conjurações fetichistas; proibição, ordem, comando; acordo fetichista; aliança"; daí a expressão *koma lu-uùya*, explicada do seguinte modo: "fazer um arranjo, um assentamento que é confirmado inserindo um fragmento de ferro em um inquice ou batendo em um fragmento já fixado de antemão", assim parecendo à feição da montagem do assentamento de um *ngamba* ou *bara*, os exus pessoais de cada iniciado. Considere-se, ainda, o aspecto prefixal da maioria das línguas bantas, em que o "A-" pode designar flexão de número, tornando a especificação da divindade em termo plural. Na vertigem da captura etimológica, há ainda a possível corruptela a partir de *maluvu* (Assis Jr., s.d.), do quimbundo, designando o vinho de palma, junto da interjeição *aiá*, algo como "aqui está", podendo apontar, por derivação, algo como: "aqui está o que bebe/ o beberrão". Porém também vi uma possível etimologia indígena com o nome que os tupi davam a Satanás, a partir da catequese de Anchieta: *saravaia*.

12. A informação de Carneiro está inserida dentro de um cenário de época, talvez contaminada por uma corrente de discussões acerca da pureza de culto, ou maior proximidade com África entre nagôs e fons, a partir da manutenção e permanência das línguas originárias, no caso, o iorubá; uma crença reafirmada por suas fontes mais próximas, como Martiniano do Bonfim. Mais à frente, em momento oportuno, quando forem arroladas as cantigas dos cultos bantos, especificamente do candomblé Angola-Congo, pode se tornar explícita certa incompreensão do autor.

13. La Porta (1979, p. 131-137) traça um paralelo entre a figuração de Exu e os dramas das lutas de classe e do conflito de gerações, com certo viés psicanalítico.

unidade nacional nas práticas dos terreiros (2006, p. 113). Em parte por não ter sido plenamente assimilado a nenhum dos santos católicos,[14] para Lody ele "é a imagem modelar da liberdade religiosa, da não padronização dos costumes, posturas e atitudes, verdadeira resistência cultural" (2006, p. 111-112).[15] Apesar disso, Exu se desdobra em mensageiro dos orixás, sendo por vezes ele próprio visto como orixá, ou como uma série de entidades de aparição e características múltiplas, ou seja, a depender da corrente religiosa em que é cultuado, pode assumir polos quase inconciliáveis: aliás, o inconciliável parece mesmo ser seu reino. Capone assim comenta uma prática do candomblé brasileiro:

> Encarnação da multiplicidade, Exu se desdobra em Exu-orixá (ou *vodum*, como fazem questão de chamá-lo vários informantes) e em Exu do orixá, chamado também Exu-escravo. Este resulta de uma individualização da força sagrada de Exu. Cada orixá tem, pois, seu Exu, que é considerado um servidor ou "escravo". Ele "trabalha" para o orixá a que está ligado, transportando as oferendas (*ebó*) do mundo material para o mundo espiritual. Sem Exu, os orixás nunca conheceriam as necessidades de seus fiéis e, por conseguinte, não poderiam ajudá-los. Distinguir as qualidades de Exu-orixá de Exu-escravo é algo delicado e

14. Maupoil (2017, p. 99) aponta para associações de Papa Legba no Haiti com Santo Antônio ou Santo Antão, ou mesmo de Eleguá em Cuba com as Almas Benditas do Purgatório e com a *Anima Sola* (também São Roque e o Menino Jesus de Atocha, segundo Acevedo, 2019, p. 9); além de associação com o Arcanjo Miguel, no Daomé.
15. Cf. Capone (2004, p. 62): "(...) também exerce verdadeira crítica do poder e dos poderosos. Ele é a única divindade que pode fazê-lo, ao introduzir a liberdade em um sistema fechado e prefixado". Capone assim conclui que a maioria dos mitos ligados a Exu-Legbá seriam de inversão da ordem social.

> dá lugar a discussões complexas sobre a natureza desses espíritos. Às vezes, o Exu do orixá é identificado como Exu-Bará, o Exu pessoal, que está ligado ao destino individual e que acompanha o iniciado até a morte. (...) Esses dois tipos de Exu parecem, todavia, representar duas formas de individualização distintas da energia do Exu-orixá: o Exu do orixá ou Exu-escravo seria a individualização do Exu-orixá em relação ao mundo dos deuses, ao passo que o Exu-Bará ou Exu existencial, sua individualização em relação ao mundo dos homens. (2004, p. 64)[16]

Se vamos ao nome Legbá, também é difícil esquadrinhar a etimologia: "Os fons explicam que Legbá, sempre em movimento, gira em torno do universo, fazendo rir e chorar o mundo inteiro. Seu nome evocaria essa particularidade: *lé* ('girar'), *gba* ('tudo'). Pensa-se mais comumente que Legbá significa 'aquele que pega (o sacrifício)'" (Maupoil, 2017, p. 100).

Assim, sem pretender escolher ou analisar detidamente nenhuma frente ou linha específica, tento aqui reunir alguns aspectos fundamentais de ordens diversas para articular Exu como conceito para uma aventura tradutória muito específica, embora aberta.[17] Para tanto, deixo de lado as muitas especificidades das nações banto, fon e iorubá, bem como as diferenças no desenvolvimento do candomblé e da

16. A divisão de Legbá como vodum e como divindade pessoal e individual no Daomé é descrita por Maupoil (2017, p. 98s).
17. Notável a seguinte observação de Adrián de Souza Hernández (2015, p. 51): "No hay razón lógica para institucionalizar ninguna filosofía religiosa porque esto facilitaría a Echu la esperada oportunidad de desbaratar conceptos básicos que atañen a las fibras más íntimas del ser y convertirlas en instintos gregarios, produciendo un fenómeno sociopolítico y no religioso que enturbia su concepción original".

umbanda no Brasil, ou da *santería* em Cuba, do *voudou* haitiano ou o *voodoo* norte-americano: faço deliberadamente uma mistura contrastiva[18] dessa "rede mítica transatlântica" (Silva, 2015, p. 118). Existem dois livros primorosos sobre Exu: *Èṣù Ẹlẹ́gbára*, de Ayọdele Ogundipẹ (2012), escrito em inglês, e *Exu*, de Vagner Gonçalves da Silva (2015), obra brasileira mais bem realizada até o momento. Para este ensaio, tenho plena consciência de que, como bem afirmam Odé Kileuy e Vera de Oxaguiã:

> A nação bantu trouxe seus inquices e bacurus; a nação iorubá chegou com seus orixás e a ancestralidade; e a nação fon, seus voduns. Embora estas divindades possam ter algumas semelhanças, existem entre todas elas grandes diferenças de comportamento, de personalidade, de dança, de vestimenta, de alimentação, de comunicação. Enfim, são divindades distintas, de locais distintos. (2018, p. 36)

No entanto, aposto no desdobramento histórico que fez essas diversas nações dialogarem na diáspora, fundindo — ao modo de uma paralaxe sempre inacabada — frentes por vezes até contraditórias, para produzir um conceito metamórfico e instável. Um pouco como Henry Gates Jr. (1988), ao cruzar as histórias do *Signifying Monkey* com os mitos de Exu Elegbará, que ele considera como repositório de uma teoria iorubana da interpretação; como Rodrigo de

18. Também não se pretende, embora fosse de fato interessante, analisar livros de poesia voltados para a figura de Exu ou de orixás e divindades afrobrasileiras em geral, como é o caso do *Livro de orikis*, de Cláudio Daniel (2015); *E*, de Edimilson de Almeida Pereira (2017), com ilustrações vigorosas de Antônio Sérgio Moreira; *muimbu*, de André Capilé (2017) e *Nverso*, de Thiago A. P. Hoshino (2020), para ficarmos em apenas quatro obras mais recentes.

Almeida dos Santos (2014), em sua construção do conceito de *baraperspectivismo*; e como Luiz Rufino (2019), em vários conceitos de sua *Pedagogia das encruzilhadas*, faço aqui uma apropriação com desdobramento e transformação necessários para a tradução poética. Penso, próximo a Edimilson de Almeida Pereira, que

> no que concerne a Exu, os registros etnográficos e antropológicos flagram os atributos que nele se repetem para, no fundo, serem percebidos como transformações.[19] Um exemplo são os inúmeros nomes utilizados para referir-se a ele, demonstrando que no mesmo nome/entidade reside a diferença/do outro. (2017d, p. 106)

E podemos, para ficar em apenas um exemplo, observar como Canizares lista mais de 120 avatares de Exu apenas em Cuba (2000, p. 13-20, a partir de Natalia Bolívar Arostegui)[20] para ver como, mesmo em uma geografia razoavelmente restrita, ele extrapola práticas de multiplicação que aparecem em todos os orixás.

Com isso, ficarei a alguma distância apenas de certa umbanda mais transcendental, com aportes de pensamento cabalístico e alquímico, como aquela proposta por Francisco Rivas Neto (2011), em que Exu figura como

19. Complemento com mais uma citação de Augras (2008, p. 61): "Exu é o princípio dinâmico que permite estabelecer trocas entre os diversos aspectos do mundo, e, nesse caso específico [sacrifício ao Exu pessoal], entre o coletivo e o individual". O dinamismo de Exu é tema de todo o capítulo que a ele dedica Juana Elbein dos Santos (2012, p. 140s), que o compreende como elemento dinâmico de tudo o que existe e como princípio da existência diferenciada.
20. Sàlámì e Ribeiro (2011, p. 141-145) apresentam mais de quarenta epítetos em iorubá.

um cumpridor da lei, além do bem e do mal, de modo que os enganos e travessuras devem ser identificados não com os exus, mas sim com os quiumbas, espíritos baixos que fingem ser exus para ganhar favores e atenção dos homens; entendo que, nessa vivência com exus, eles pouco se diferem dos anjos católicos. Aqui, mais interessa a instabilidade categórica dos muitos exus, até na presença em "trabalhos pesados" por meio de sacrifícios (Carneiro, 2008, p. 60-63), usando inclusive partes do corpo humano, tais como unhas, fios de cabelo etc. Ou mesmo sua vinculação e dependência relacionadas a São Miguel, em algumas vertentes da umbanda, porque os exus estariam num "nível relativamente baixo de desenvolvimento" (Gaspar, 2011, p. 262), ficando abaixo dos orixás e dos caboclos (cf. Capone, 2004, p. 99-100). Em pensamento similar, Ernesto M. La Porta conta (1979, p. 131) como o pai de santo Nilo recomenda trabalhos para remover Exu da frente de uma pessoa e passá-lo para trás, pois ficando assim não é possível ser feliz e ter saúde. Usando as oposições entre umbanda e quimbanda,[21] seria mesmo possível dizer que:

21. Curioso o jogo distinto entre umbanda e quimbanda, sempre colocadas como oposições, ainda que eventualmente pensadas a partir de suplementações, que percorrem linhas argumentativas de muitas das literaturas acerca do tema. A indisposição das práticas, assim tem parecido, muitas vezes determinadas por ideias cardeais de direita e esquerda, coloca nos pratos de cru & cozido um plano sistemático da dificuldade em escapar das marcas culturais de um cristianismo arraigado na concepção ritual do culto, bem como de certo espiritismo asséptico. Contudo, vejamos, por exemplo, os termos "umbanda" e "quimbanda": *mbanda*, do quimbundo, significa "preceito; atos prescritos pela religião contra os supostos espíritos maus", até aqui, em conformidade com o pensamento mais geral. *Kimbanda*, por sua vez, significa "pessoa que trata de doentes. Mágico; exorcista; necromante; bruxo". Talvez trazer a acepção dos termos torne mais evidentes os caminhos tomados pela

> os exus das quimbandas não aceitam a relação de dominação que subordina os exus às "entidades de luz". Na umbanda, eles trabalham sob as ordens dos caboclos ou dos pretos-velhos, ou ainda do orixá Ogum; nas sessões de quimbanda, não se submetem a ninguém, são donos de si mesmos. Os exus da quimbanda se insurgem, portanto, contra a ordem umbandista que reflete a ordem da sociedade brasileira, oferecendo, como seus correspondentes femininos, as Pombagiras, a possibilidade de seus médiuns criticarem as relações de classes: o poder pertence aos marginais, aos espíritos ignorantes, porém incomensuravelmente poderosos. (Capone, 2004, p. 101)

Já para Eugênia Coelho Paredes, Exu parece fazer a ligação entre umbanda e quimbanda (2008, p. 112). Em resumo, Exu é uma encruzilhada de funções que se desdobram a cada espaço e relação. A sua múltipla posição e função aparece numa narrativa:

> Um dia Orunmilá foi procurar Oxalá
> e pediu que lhe desse um filho,
> pois ele e sua mulher desejavam muito ter um.
> Chegando ao palácio de Oxalá,
> Orunmilá encontrou Exu Iangui.
> Exu estava sentado à esquerda da porta de entrada.
> "É este o meu filho?", perguntou Orunmilá.

distinção, onde o espaço do feitiço, daquilo que se torna encantado, precisa estar apartado da dinâmica da lei, qual seja, do aporte crístico. Algumas dessas impressões, bastante recorrentes, poderão ser observadas com a argumentação de Arthur Ramos mais à frente, neste mesmo livro, em "_banda"; todavia, caso quem esteja lendo sinta necessidade de maior ampliação da nota, salte para o capítulo e, depois, volte, se achar necessário.

"Ainda não é tempo da chegada de um filho", respondeu Oxalá.
Orunmilá insistiu junto a Oxalá sobre
quem era o menino sentado na porta
e se poderia levá-lo como filho.
Oxalá garantiu-lhe que não era o filho ideal,
mas Orunmilá tanto insistiu que obteve a graça do velho.

Tempos depois nasceu Elegbara, filho de Orunmilá.
Para espanto de todos, nasceu falando
e comendo tudo o que estava diante de si.
Comeu tudo quanto era bicho de quatro pés,
comeu todas as aves,
comeu os inhames e as farofas.
Engolia tudo com garrafas e garrafas de aguardente e vinho.
Comeu as frutas, os potes de mel e os azeites de-palma,
quantidades impensadas de pimenta e noz-de-cola.
Sua fome era insaciável,
tudo o que pedia, a mãe lhe dava,
tudo o que lhe dava a mãe, ele comia.
Já não tendo como saciar a medonha fome,
Elegbara acabou por devorar a própria mãe.
Ainda com fome, Exu tentou comer o pai.
Mas Orunmilá pegou da espada
e avançou sobre o filho para matá-lo.
Exu fugiu, sendo sempre perseguido pelo pai.
A perseguição ia de Orum em Orum.
A cada espaço do Céu, Orunmilá alcançava o filho,
cortando-o em duzentos e um pedaços.
Cada pedaço transformou-se num Iangui, um pedaço
de laterita.
A cada encontro o ducentésimo primeiro pedaço
transformava-se novamente em Exu.

Correndo de um espaço sagrado a outro,
terminaram por alcançar o último Orum.
Como não tinham saída, resolveram entrar em acordo.
Elegbara devolveu tudo o que havia devorado,
inclusive a mãe.
Cada Iangui poderia ser usado por Orunmilá
como sendo o verdadeiro Exu.
E Iangui trabalharia para Orunmilá,
levando oferendas e mensagens enviadas pelos homens.
Em troca, em qualquer ritual,
Elegbara seria saudado sempre antes dos demais.
E sempre que um orixá recebesse um sacrifício,
Elegbara teria o direito de comer primeiro.
(Prandi, 2001, p. 75)[22]

Uma outra história narrada (ou *patakín*) em várias frentes conta como o príncipe Eleguá (nome de Exu em Cuba, sobretudo em seus aspectos mais benfazejos) se tornou a divindade. Dizem que certa feita saiu com um exército, porém parou três vezes no caminho para encontrar algo que lhe parecia brilhar: era um coco seco. Ele o levou para casa e contou aos pais o que tinha visto, porém ninguém lhe deu importância, então Eleguá escondeu o coco atrás de uma porta. Tempos depois, as luzes reapareceram para espanto de todos, mas ao cabo de três dias o príncipe adoeceu e morreu, de modo que, durante o velório, o coco ainda reluzia. Muito tempo depois, quando a região sofria uma penúria desesperada, o conselho de anciãos se reuniu para tomar uma decisão e concluiu que o velho coco estava

22. Cf. também Elbein dos Santos, 2012, p. 146-148 e Augras 2008, p. 91-92.

abandonado e apodrecido, comido por bichos; decidiram então voltar a venerá-lo em nome do príncipe, mas, ao perceberem que o coco era perecível, o trocaram pela pedra *otá*, que foi lavada e colocada no mesmo local. Acevedo intitula essa história estranhamente de "Nace Elegguá" (2019, p. 11), mas o sentido fica mais claro se pensarmos, na esteira de Nicolás Angarica (citado por Martínez; Potts, 2016, p. 94), que esse nascimento e origem de Eleguá quer dizer *Iku libo oshá*, ou seja, o morto pariu o santo; de modo que sua morte é a própria causa da vida.

Porém, voltando ao risco do demoníaco, Edison Carneiro percebe um detalhe histórico digno de nota:

> À exceção dos nagôs (Exu) e jejes (Legbá), os negros de outras nações chegados à Bahia não conheciam espíritos semelhantes ao *homem das encruzilhadas*. Daí sua incapacidade de evitar o símile com o diabo cristão.[23] Entretanto, nos candomblés nagôs e jejes, Exu e Legbá nada perderam das suas características fundamentais.[24] (2008, p. 71)

23. Um ponto fundamental é levantado por Sàlámì e Ribeiro (2011, p. 20): "sua ligação com Orunmilá desapareceu, pois o tráfico desagregou a organização sacerdotal iorubá, que tem na figura do babalaô, sacerdote deste orixá, uma das principais referências. Interessante observar que na diáspora iorubá em Cuba não ocorreu o mesmo, pois as famílias de babalaôs foram mantidas". Ortiz (1978, p. 134) aponta um contraponto ou complemento pertinente: "os orixás da Umbanda são entidades brancas, enquanto Exu é a única divindade que conserva ainda traços de seu passado negro".

24. Causa algum estranhamento a posição de Edison Carneiro neste passo, uma vez que da primeira edição publicada de seu livro *Candomblés da Bahia* (1948), Sofia de Mavambo já havia sido iniciada na Tumba Junsara. Contudo, parece em conformidade com seus posicionamentos em relação às práticas bantas, que julgava inferiores em relação aos nagôs e fons, o que pode ser observado desde a publicação de *Religiões negras* (1936). Em anotação de Oliveira e Lima (1987), a partir das cartas trocadas entre Edison Carneiro e Arthur Ramos, há um breve comentário

Características que, como vimos, são de interação e alteração segundo o contexto. A coisa, no entanto, não para aí, porque, muito embora seja e não seja um orixá, Exu pode se manifestar como um orixá — mas, nesses casos, em que não é a divindade uma agente, não se deve dizer que alguém é filho de Exu, e sim que tem um *carrego* de Exu, uma espécie de obrigação vitalícia.[25] Augras o encara como "personificação do princípio de transformação. Participa de tudo que existe" (2008, p. 91). Já no início nasce "Exu Iangui, o rei e pai de Exus" (*Èṣù Yangi Oba baba Èṣù*), segundo Rego (1980); nesse sentido, ele preexistiria ao

sobre o "candomblé de Caboclo", prática controversa e pouco comentada que, em muitos casos, era assimilada ao "candomblé de Angola". Carneiro a considerava uma forma pauperizada das tradições "pobríssimas dos negros bantos", assumindo uma opinião restritiva a essa modalidade de prática. Pode ser assumida, talvez, uma influente continuação do pensamento de Nina Rodrigues e seu "julgamento anti-caboclo — de resto uma consequência do seu conhecido preconceito anti-banto" (1987, p. 82). Se assumirmos a posição sincrética e a constante intercomunicação entre as lideranças religiosas dos candomblés da Bahia, por exemplo, perceberemos que Carneiro (2008) mirou no que viu, acertou no que não viu: "Os encantados caboclos são os mesmos deuses dos nagôs e dos jejes, já modificados pela influência dos negros de Angola e do Congo e, mais recentemente, pela influência espírita". De algum modo, ele desloca a geografia da criação da umbanda e rasura certa mitologia; anota a mixagem litúrgica dos candomblés — sempre importante lembrar que os caboclos são cultuados, ainda que em ritos internos, na imensa maioria das casas tradicionais da Bahia, em suas mais variadas nações, não só as bantas — e deixa localizado que o candomblé de Caboclo, embora distinto e próximo do candomblé de Angola, é também o que se conhece como "candomblé de nação". Gostaria ainda de inclinar, mais uma vez, uma possibilidade, ou deriva em vertigem etimológica, para a palavra "caboclo". Do quimbundo *Káboko*: "Orador; Discursador; Pregador".

25. Cf. na nota 19 o comentário de Augras (2008, p. 61), podendo ser incluída, ainda, a discussão com os ditos povos de rua — malandros, pombagiras e catiços —, em suma, as entidades de umbanda codificadas como Exu, também em conformidade com o que postula Rivas Neto (2011).

mundo, já em sua multiplicidade assombrosa: "ao mesmo tempo múltiplo e uno" (Verger, 2012, p. 131).

> São muitas as tramoias de Exu.
> Exu pode fazer contra,
> Exu pode fazer a favor.
> Exu faz o que faz, é o que é.
> (Prandi, 2001, p. 70)

Esse ser de Exu é contrário a qualquer noção de univocidade ou coerência plena. E são muitos os mitos em que ele ajuda gratuitamente ou pune violentamente apenas porque não recebeu suas devidas oferendas: basta lembrar a história do pobre ajudado por Exu contra o rico; a dos dois amigos que, discutindo a cor do chapéu de Exu (vermelho de um lado, branco do outro, para confundi-los em visões parciais), acabam se matando a enxadadas; a da família real que acaba se aniquilando a partir de uma trama de mentiras contadas por Exu ao rei, à rainha e ao príncipe; a da vendedora que corre para ver sua casa em chamas e depois, quando volta ao trabalho, descobre que tudo foi roubado; ou a do artesão que perde seu nariz.[26] Ao contrário, ele é a força de mutação das próprias regras, um princípio de mudança das mudanças. "Exu muda o jogo a seu bel-prazer. Enreda e desenreda os caminhos do mundo. É um *trickster*" (Augras, 2008, p. 91).[27]

26. São, respectivamente, as narrativas-odus 29, 7, 10, 16 e 20, de Reginaldo Prandi (2001), presentes também em outras obras.
27. A comparação de Exu com a figura do *trickster* é recorrente; por isso cito apenas mais um exemplo de Luis Nicolau Parés: "Ele é o *trickster* por excelência, jovial, astucioso, vaidoso, susceptível, irascível, caprichoso, grosseiro, indecente; pode ajudar e solucionar qualquer problema, ou atrapalhar e provocar desordem, brigas e acidentes; pode

Ele pode fazer coisas extraordinárias como, por exemplo,
carregar numa peneira
o óleo que comprou no mercado sem que este óleo se
derrame desse estranho recipiente.
Exu pode ter matado um pássaro ontem, com uma pedra
que jogou hoje!
Se zanga-se, ele sapateia uma pedra, na floresta, e esta
pedra põe-se a sangrar!
Sua cabeça é pontuda e afiada como a lâmina de uma faca.
Ele nada pode transportar sobre ela.
(Verger, 2019, p. 17)

Também poderíamos dizer, como Leda Maria Martins, que "Exu é jogo, é signo, é estrutura" (1995, p. 56). E mais: que ele é também a quebra do jogo, do signo e da estrutura.

reunir inimigos ou separar amigos, trabalhar para o bem ou para o mal. Esquecer dele traz as piores consequências" (2018, p. 336).

Viramundo

Percebe-se que há um mistério na figura de Exu que atrai as pessoas exatamente porque ele pode ser muitas coisas ao mesmo tempo, inclusive uma inversão dos rituais. Vejamos algumas delas: o iaô de Exu ficou recolhido no quarto de Exu e não no roncó (quarto geralmente reservado para as iniciações dos demais orixás). O iniciado não teve a primeira saída pública dedicada a Oxalá, orixá da criação que se veste de branco e geralmente é o último a ser saudado na ordem de referência aos orixás. Oxalá tem como tabu a cor vermelha (de Exu) e geralmente não recebe em sacrifício o sangue de qualquer animal, apenas o do ibi, um caracol que tem o "sangue branco", nem oferendas com azeite de dendê e álcool. Ao contrário, Exu deve receber o sacrifício sempre em primeiro lugar, e entre suas oferendas prediletas estão o sangue, o azeite de dendê e o álcool. Como se vê, os pares Exu-Oxalá e Demônio-Jesus podem ser acionados para descrever as relações entre Exu e o Demônio. Além disso, na iniciação mencionada, o erê (espírito infantil que acompanha o orixá) era um Exu-mirim (entidade que se comporta como uma criança bastante travessa) e sua saída se fez no escuro (com as luzes do barracão apagadas), numa alusão às trevas e ao inferno. Curiosamente, o iaô morreria algum tempo depois, assinalando para os adeptos um destino marcado pelo vício.

Exu pode ser ainda paramentado com tiras de pano e correntes penduradas pelo corpo, numa concepção de Exu como "escravo do orixá" (aquele que obedece ou executa as tarefas dos orixás). Essa percepção pode se sobrepor ao imaginário do escravo acorrentado e simultaneamente ao poder que emana dele de quebrar esses grilhões e abrir os cadeados, ou mesmo de usar a força desses elos da corrente para impor seu poder de fechar portas e caminhos.

Hoje em dia, entretanto, é mais usual paramentá-lo com um gorro cônico, uma saia de tiras vermelhas e pretas, bordadas com búzios, e o bastão fálico na mão. O uso de indumentárias e insígnias que têm por base o rito africano tem sido comum nos terreiros que procuram uma concepção menos "abrasileirada" de Exu. A contribuição de pesquisadores (religiosos ou não) e artistas nesse processo de "reformatação" do rito não deve ser menosprezada, na medida em que, por meio de suas obras, divulgam imagens que vêm se tornando canônicas, promovendo indiretamente uma articulação entre práticas em âmbito regional, nacional ou internacional. Nesse sentido, as fotos de Pierre Verger, documentando o modo de paramentar Exu na África, têm servido de inspiração para muitos terreiros em suas iniciações para Exu.

Segundo me relatou Leonor, uma filha de Exu iniciada em São Paulo nos anos 1980, as formas de apresentá-lo variaram bastante. Ela própria teve seu Exu paramentado com tiras de pano e correntes. Mas hoje ele é paramentado da forma descrita anteriormente.

Outra inovação tem sido vestir Exu com tecidos e matérias-primas que não façam referência apenas à sua concepção "rústica" (a utilização de tecidos simples de algodão cru e palha-da-costa, por exemplo). Vê-se, nos barracões, Exus vestidos com roupas sofisticadas e luxuosas (com utilização de rendas e tecidos brilhantes bordados com pedrarias). Essa indumentária aproxima-se da forma pela qual Eleguá é vestido segundo a santeria cubana, que o concebe como "rico príncipe".

Esse processo transformativo também pode ser identificado nas danças e coreografias executadas por Exu. No terreiro de mãe Iya Sessu, em São Paulo, presenciei um filho de Exu incorporado que dançava segurando um bastão fálico erguido acima da cabeça, como se fosse um eixo em torno do qual seu corpo girava. Esse movimento de rotação era acompanhado por um movimento de translação em torno do centro do barracão, o ari-axé. Essa coreografia, conforme me foi dito posteriormente, mostrava que Exu é "senhor do círculo", que "voa" entre os espaços usando a força e o mistério desse báculo fálico. Nesse caso, os atributos míticos de Exu expressam-se por meio de uma nova linguagem gestual exibida no barracão, além das coreografias mais conhecidas da dança do orixá. Rito e mito se complementam.

(Silva, 2015, p. 148-152)

Mavambo

Dentre as contações de terreiro faladas pelos mais velhos e repassadas pelos que vêm adiante — transmitidas por acumulação, corte, suplemento ou acréscimo, a depender do interesse na estrutura em rede para a orientação das comunidades, também de outros e demais interesses adicionais aos detalhes preceituais a cada rito e nação, costumeiramente servindo de manutenção litúrgica pelas vias do segredo —, retomo de passagem um dito dos que me pegou de ouvido, ainda menino, e que se repete algo constante como marca da funcionalidade arquetípica de filhos e filhas de Exu, também da capacidade de resolução tradutória, pensada como a transmissão de uma demanda ordenada, decifração seguida de um desenlace com chave de invenção e feito conclusivo.

As pessoas que passam pelos ritos de iniciação são ensinadas sobre normas comportamentais, tanto dentro dos limites do terreiro, quanto fora deles, uma vez que retornam ao mundo comum das relações. Entre as inúmeras regras, a imensa maioria de função comunitária e assumida pela coletividade, como a interdição do consumo de certos alimentos, há todo um turno de tabus exclusivos, particularizados, a depender da divindade iniciada e das características próprias do sujeito da iniciação. No curso de cuidados preceituais e de tabus impostos aos filhos e às filhas de Exu, há uma orientação específica no tocante aos relacionamentos interpessoais, principalmente a não arrumar briga fora dos portões de casa, possivelmente como via de contenção a certo temperamento da arquetipia imputada àqueles que carregam a divindade em seu corpo, qual seja, seu caráter intempestivo e sua cessão à irascibilidade.

Carece de informe que muitas vezes esse comportamento é estimulado pela má leitura dos aspectos da divindade. Um divino de muitos nomes, truqueiro como só, dotado de toda sorte de contrariedades, vem passeando há muito entre nós e, na diversidade de seus múltiplos caminhos, toma posto, desde sempre muito seu, de inúmeros cruzamentos discursivos no presente-já dos dias que correm.

Uma vez capacitado de ser manifesto em inúmeras formas, estão intrínsecas as potencialidades de ação benévola & malévola — a neutralidade não cabe a Exu em sua sanção. Discute-se, contudo, seu aspecto de amoralidade, não me parecendo razoável, então, imputá-la. Muito embora haja, clara, a ambiguidade em seus sistemas de tratativa, como narram alguns dos recursos de mitos e contações oralizadas empregadas ao longo do livro, bem como em outras literaturas, sua divinização não inimiga as ideias de ordenação, cujo princípio de inspeção, seja na máquina litúrgica ou na vida comum das pessoas, participa da abertura das escolhas a serem realizadas em cada agência. Daí não ser um agente moralizante, mas portador decisório diante de, nem sempre certas, porteiras de arbítrio. Dito melhor, em resumo precário, cada ação de Exu é frequentação do estímulo para as decisões de cada indivíduo envolvido, seja orixá, seja pessoa humana.

> As muitas faces da natureza de Exu acham-se apresentadas nos odus e em outras formas de narrativa oral iorubá: sua competência como estrategista, sua inclinação para o lúdico, sua fidelidade à palavra e à verdade, seu bom senso e ponderação, que propiciam sensatez e discernimento para julgar com justiça e sabedoria. Essas qualidades o tornam interessante e atraente para alguns e indesejável para outros. Por quê? Porque, de um lado, é sempre interessante para os indivíduos e os grupos a possibilidade de ter em quem confiar, de poder contar com quem cumpra fielmente os seus compromissos. Quem não deseja estabelecer parceria com aqueles nos quais se possa confiar em qualquer circunstância? Quem não quer ser parceiro daqueles que não faltam nem falham, silenciam sobre segredos que lhes são confiados, zelam por seus bens materiais entregues a seus cuidados e os restituem quando solicitados? (Sàlámì; Ribeiro, 2011, p. 140)

Salvo o meme "Nunca foi sorte, sempre foi Exu", repetido à exaustão pelas redes sociais, a figura do fiel é fortuna de quem está parelho com os cumprimentos destinados à divindade. Antes de tudo, Exu é um organizador, também afeito à ordenação e disciplina, afinal, tudo começa por seus caminhos e demandas de entrada. Suas implicações, não só rituais, mas também dos modos de comprometimento com as boas/más maneiras da existência no mundo, exigem manutenção criteriosa diante da oferta e da ação consequente às vistas do grande olhador de portas e passagens. Exu é um amigo, mas não furta a palavra aos sentidos da verdade indesejável, costumeiramente revelada na imbricada relação com seus planos e enigmas. Quando nos deparamos com o mito dos vizinhos que duvidam entre si, e em seguida se engalfinham até a morte, a trucagem de Exu coloca em posição a confiança nas relações de amizade e o valor da palavra dita. A orientação do prazer em construir ardis por via da arruaça não é condizente com o lugar de Exu na terra. Um provérbio iorubá, coligido por Sàlámì e Ribeiro (2011), elucida: "*Olóòtọ́ ni ọ̀tá ayé* — quem diz a *verdade* é *inimigo* dos seres".

Parte da literatura e das discussões travadas em alguns terreiros tradicionais sempre apontou que Exu é divindade de culto, contudo não passível de iniciação. Diz Juana Elbein dos Santos (2012, p. 134) que "Exu não se deve manifestar. Princípio dinâmico e símbolo complexo que participa de tudo o que existe, sua força abstrata acompanha e só pode ser representada 'por meio de' Ogun que o representa". Porém, vejamos.

Dona Sofia, até onde os registros matriciais das casas de candomblé computam, foi a primeira pessoa de Exu, melhor dito, de Pambu Nzila, a ser iniciada em território brasileiro. Foi Manoel Ciriaco, de *dijina* Nlundi ia Mungongo, cujo inquice é Cavungo, quem iniciou aquela que ficou conhecida como Sofia de Mavambo, uma das alcunhas da divindade em terreiros de Angola. Foi ele quem fundou a Tumba Junsara, junto de Manoel Kambambi, de Incoce, iniciados ambos por Maria Neném, de *dijina* Tuenda dia Nzambi, ela também iniciada a Cavungo, no início do século XX. Embora menos conhecido, e até menos reconhecido como prática litúrgica do candomblé no Brasil, o culto de Angola-Congo foi quem abriu caminhos no conhecimento da iniciação da divindade.

Em meados dos anos 1930, Manoel Ciriaco, pai de santo de Sofia, então dirigente da Tumba Junsara, foi duramente criticado pela comunidade local de terreiro em Salvador não só por "fazer" Exu, mas por "assentar" o diabo na cabeça da iniciada. Mesmo com toda política de pureza de rito, a esparrela sincrética era a vigência da discussão. Nos idos da década de 1940, Nlundi ia Mungongo planta a Tumba Junsara no Rio de Janeiro, em Vilar dos Teles, Baixada Fluminense. Coincidentemente, mais ou menos durante o tempo em que Ciriaco permaneceu no Rio, foi iniciado o primeiro Exu na cidade, na casa Kwe Ceja Nassó, de Antônio Pinto, conhecido como Tata Fomotinho — e há boa graça na milonga terminológica, ao se apresentar com uma palavra utilizada no candomblé banto (*tata* = pai) junta de outra do candomblé jeje (*fomotinho* = número ordinal da iniciação de um barco, sendo este o 4º).

Embora a história ocorrida na casa de Tata Fomotinho seja conhecida por muitos, repito aqui, ainda que de modo breve: o suplicante entra para iniciação por necessidade. Toda a orientação é realizada para que os preceitos sejam cumpridos em nome do caçador. Os dias de recolhimento correm, dizem, em conformidade. Chega o dia da saída, dia grande. Todos esperam o nome de Oxóssi na sala. Dada a hora, não sem surpresa, Exu se manifesta e dá seu nome, em alto e bom som. Nasce, ali, Djalma de Lalu, uma das figuras mais conhecidas do candomblé carioca. Como narram os informantes de Capone (2004, p. 52), iniciar filhos de Exu ficou muito mais fácil a partir daquele evento.[28]

Retomando um pé anterior, antes da facilidade conquistada, Sofia de Mavambo, cuja *dijina* era Jikete, não encontrava exatamente boa relação com seu processo iniciático, tampouco com a divindade para a qual havia sido feita, muito motivada pela repercussão diante da notória desaprovação pública que, por tabela, associava o fato à já dita equivalência sincrética com o diabo. Muito embora, conforme os antigos dizem, Dona Sofia guardasse grande ambivalência com essa relação, uma vez que tratava de inúmeros assentamentos de variados "guardiões" em seu quintal. Outro dado que a perseguiu enquanto viva residia no fato de ela acreditar que sua iniciação tivesse se dado de modo equívoco, tendo Ciriaco "trocado" a divindade correta, posto crer que seria, então, Ogum o dono de sua cabeça. Tomada dessa ideia fixa, morreu doente acreditando ter sido vítima de vingança da divindade em que, acreditava ela, deveria ter sido iniciada (Silva, 2015, p. 38).

28. A mesma narrativa é contada de muitas maneiras, guardando semelhança em seus passos. A história da saída de Djalma de Lalu segue sendo remontada, por seu caráter exemplar, em diversas conversas dentro das casas de candomblé, criando uma espécie de orientação mítica do feito. Monique Augras, por exemplo, conta assim sobre um dirigente de templo, o mesmo evento que arrolo, no Grande Rio: "Ele nascera filho de Oxóssi, mas, durante o processo iniciatório, o pai-de-santo esqueceu de solicitar a autorização do Exu que acompanha o deus da caça. Fora esse detalhe, o ritual foi cumprido corretamente. No dia de dar o Nome, na hora em que o deus vai falar pela boca do iaô, Exu, que ficara quieto até então, adiantou-se na frente de Oxóssi e gritou, bem alto: 'Exu, lalú!'. Espanto geral. Mas o nome estava dado, e bem dado. O iniciado doravante pertencia a Exu. É dele ainda hoje e, sem dúvida, para sempre. São coisas que acontecem quando se esquece de homenagear a Exu" (2008, p. 97). O fato também é relatado em Capone (2004, p. 69-76), junto a uma outra série de filhos de Exu.

Tudo isso fazia com que a mecânica do trato social com Sofia fosse difícil, uma vez que ela era dada a resolver contenda na rua com discussão e, eventualmente, porrete em mãos.

Há uma história — construção mítica de terreiros, contada em torno das mesas após os preceitos internos ou terminada a liturgia pública do candomblé, quando os mais velhos se reúnem e os mais novos escutam, esperando que balancem as roseiras e que caia ao colo a folha jogada no ar — que diz de uma contenda entre Ciriaco e Pambu Nzila, o próprio, na cabeça de Dona Sofia. Ela havia arrumado, mais uma vez, uma grande discussão em praça pública na feira, em Salvador. Pambu Nzila toma a cabeça de Sofia e a leva até o terreiro, descalça e a pé, que cobra Ciriaco de forma veemente, afinal, como zelador de santo, ele também deveria educar bons modos aos filhos.

Dentre os muitos preceitos gerais, há, dizem os mais velhos — e costumamos ouvir os mais velhos dentro das casas de santo —, um particularmente atribuído aos filhos dessa divindade. Diz Pambu Nzila que contenda com filho dele ele mesmo resolve, donde ninguém bate em sua criança, e também nenhuma criança dele deve bater em ninguém. Ele paga, mas também cobra as contas. Mas Sofia nunca escutava essa orientação. Como Ciriaco não ensinou direito, devia ele, então, ser cobrado.

Há relatos de que Nlundi ia Mungongo detestava aparição pública de obrigações na rua, os conhecidos despachos, então Pambu Nzila estabelece o castigo: Ciriaco deveria entregar, em 16 encruzilhadas, 16 galos vermelhos como paga à má educação de Sofia com os preceitos devidos. Gente de santo costuma obedecer — cada cabeça é seu guia, mas cabeça feita é melhor seguir orientada. Ciriaco pensou durante alguns dias o que fazer, não chegando, de imediato, às melhores resoluções. Sendo a religiosidade perseguida, início do século XX, não queria se comprometer, além de não ser mesmo muito afeito aos despachos. Olhando em volta do terreno da Tumba Junsara, avista uma mata e lhe sobe a ideia: organiza com os *tumbondo* (como são chamados os ogãs no candomblé Angola-Congo) uma breve expedição, munidos de ferramentas para roçar mato, e seguem curso de picada. À medida que andavam pela mata, Ciriaco observava o caminho e, subitamente, parava dizendo: "abram aqui um caminho em cruz". Uma vez feita a encruzilhada, tomava o galo e o sacrificava em pagamento à cobrança de Pambu Nzila.

Não há caminho que não exista — a encruzilhada é uma criação. E Nlundi ia Mungongo paga sua dívida. Nos candomblés nagôs, a cabeça (*orí*) é, talvez, o espaço mais importante no corpo de cada sujeito. No Angola, quando da oferta do *Kibane Mutue*, o equivalente ao *Bori* dos nagôs, a cerimônia, embora vá à cabeça, é entregue aos pés, afinal, são eles que sustentam o corpo no caminho. O órgão mais importante no Angola-Congo é o coração (*muxima*), e não se queima o coração dos caminhos cruzados, mas isso é segredo, e eles nos têm mantido vivos até aqui.

Outros deuses inferiores ou espíritos sobreviveram no Brasil, ao menos na sua forma verbal. Assim, em certas macumbas se fala de Lemba e Sinhô Lemba, o que evidentemente reporta ao espírito ou deus inferior Lemba, de Angola. (...)

O *Calunga* angolense também chegou às macumbas brasileiras, como registrei no Rio. Embora a sua personificação do mar tivesse ficado esquecida, no Brasil há certa ligação do seu nome com o culto das águas. A palavra "calunga" passou ao uso popular para designar um pequeno boneco, o que é facilmente explicável pelo fato de o seu fetiche ou iteque ser, na África, uma figurinha de madeira. Ainda hoje, nos maracatus do Nordeste, os Negros carregam uma boneca, a "boneca dos Maracatus".

A crença no *zumbi* é muito difundida entre os Negros brasileiros. Na crença popular, o *zumbi* é um fantasma que vagueia altas horas da noite. Não deve ser confundido com o *Zambi*, deus. O nosso *zumbi* seria, assim, muito semelhante ao *zombie*, haitiano, fantasma com aparência de vida.

Outros espíritos e deuses inferiores passaram ainda ao Brasil esquecendo a sua significação primitiva. *Calundu*, por exemplo, vem do *Kalundu* ou *Kilundu* angolense. Estar com seus calundus "é uma espécie de *spleen* e de neurastenia plebeia, que do povo negro passou aos brancos", anotou João Ribeiro (*A língua nacional*, Rio, 1933, p. 117).

O grão sacerdote de Angola, o *Quimbanda*, passou ao Brasil com os nomes de *Quibanda*, *Quimbanda*, *umbanda*, *embanda* e *banda* (do mesmo radical *mbanda*), significando ora feiticeiro ou sacerdote, ora lugar de macumba ou o próprio processo ritual.

A palavra "Umbanda", que é derivada de *Ki-mbanda*, merece um registo especial, pois tomou no Brasil o significado da própria religião dos Negros no Rio de Janeiro. "Linha de Umbanda", dizem os Negros e mestiços cariocas quando se referem às suas práticas religiosas e mágicas, hoje muito fusionadas com o espiritismo, como veremos quando estudarmos os processos de sincretismo. No entanto, já em Angola, Héli Chatelain tinha assinalado vários significados para a expressão: faculdade ou arte de adivinhar por meio de remédios naturais ou sobrenaturais; arte de consultar os espíritos dos mortos, dos gênios e dos deuses; arte de induzir esses espíritos a influenciar os homens; força curativa dos espíritos; objetos materiais ou fetiches que estabeleceriam o contato entre os espíritos e o mundo físico (*Folk-tales of Angola*, (...), p. 268, nota 180).

No Brasil, o *Quimbanda* ou *Embanda* perdeu muito do seu prestígio e não conseguiu se impor como o *babalaô yoruba*. (...)

O ritual das macumbas de influência *bantu* é de uma grande simplicidade, em paralelo com o dos candomblés de origem *gêge-nagô*. Os terreiros são toscos e simples, sem aquela teoria de corredores e compartimentos dos terreiros *gêge-nagôs*. Na Bahia, o terreiro de origem *bantu* tem também o nome de *rundembo* e o santuário ou altar chama-se *barquice*. Quase sempre o terreiro toma o nome do santo protetor ou do espírito familiar que é evocado sucessivamente por várias gerações de pais de santo.

(...)

Em algumas macumbas, os "santos" se chamam *encantados*. Na Bahia, a tradução *bantu* de *orixá* é *inquice*.

(Ramos, s.d., p. 184-186)

Lonã

que importa se
é verdade?

caminho qualquer caminho
(André Capilé, *Muimbu*)

Eshu is a wonderful bad joke ("Exu é uma piada ruim maravilhosa" ou "Exu é uma ótima piada de mau gosto"), assim Richard Miller traduziu em 1985 um verso dito por Exu, numa espécie de auto-oriqui, quando este se apresenta ao invadir um casamento no quarto ato da peça *Uma tempestade*, de Aimé Césaire, originalmente publicada em 1969. Curiosamente, o Exu de Césaire, em francês, parece ser bem mais palatável — ele se descreve, no mesmo passo, como *Eshu est un mauvais plaisant* ("Exu é um fanfarrão/brincalhão cretino/prega-peças").[29] Ora, é tão mais fácil achar exus como o francês no dia a dia, e tão duro encontrar esses exus do inglês, essas piadas que, por serem péssimas, são maravilhosas. A tradução-exu poderia estar, em parte, sob essa égide dupla: de, por um lado, transgredir, radicalizar um procedimento do original, de modo que ele pareça mera sombra da tradução (e nisso até se aproxima da transluciferação haroldiana); e, por

29. A tradução espanhola, de Ana Ojeda, resolve de modo ainda mais insosso como *¡Ah! Eshu es un mal agradable* (Césaire, 2011, p. 123).

outro, arriscar-se a fazer uma péssima piada deliberada que, por revisão crítica do original, pode se tornar maravilhosa. Ora, num itã de Exu, sobre os dois amigos que em desavença causada pelo orixá acabam se matando, lemos: "você, que traduz as palavras de ontem/ em novas falas" (Ogundipẹ, 2012, p. 209), indicando não só a potência tradutória de Exu como seu deslocamento de palavra em fala, enunciação sempre renovada e diferenciante. As camadas podem se multiplicar brutalmente, e tanto melhor se assim for: basta pensar que *Une tempête* de Césaire é, desde o título, uma adaptação de *The Tempest* de Shakespeare, relançando em vertigem suas personas e personagens, seu drama colonial em direção ao que Césaire chamou de teatro negro. Césaire perverte *A* tempestade em *Uma* tempestade, muda sua língua e seus modos, trafega do pastiche à paródia crítica; já a sua tradução inglesa reperverte e retorna ao inglês de Shakespeare, operando ainda mais excessos que muitas vezes parecem colaborar com o projeto de um teatro negro, talvez agora aos moldes do que Paul Gilroy (2012) viria a chamar de Atlântico negro. Confunde-se pra melhor esclarecer, segundo o verso-adágio de Tom Zé. Esse procedimento (tanto de Césaire quanto da tradução inglesa) poderia ser lido como a prática do *Signifyin(g)* teorizada por Henry Louis Gates Jr. (1988), porque assume uma dimensão duplivocal de tradições — distorce ao mesmo tempo que ancora.

Eu poderia começar a conversa aqui evocando o nome do poeta romano Catulo — sobretudo enquanto tradutor de Safo — como uma espécie de patrono, realmente surrupiando seu nome e sua prática radical no *carmen* 51, que opera uma desleitura e releitura crítica, política e estética do fragmento 31 de Safo à luz da sexualidade e da poesia romana no século I a.C. No entanto, em grande parte eu repetiria argumentos que estão num ensaio intitulado "Borrão de amores: Catulo e a política dos afetos", de 2017. Por isso, sigo por uma espécie de duplo desvio que me abre as portas para alguns exemplos. Catulo assim fica como um patrono surrupiado e, aqui ao menos, silenciado.

Mais de um milênio e meio depois dele, Sebastian Brant, em 1494, assim descrevia o mensageiro louco em seu clássico livro *Narrenschiff* (*A barca dos loucos* ou *Navilouca*), uma imagem que poderia ser duplamente distorcida em descrição de Exu e em conceito tradutório, a partir mesmo de uma tradução ao português. Assim a tento:

80
Ich bin gelaufen fern und weit,
Das Fläschlein war nie leer die Zeit;
Dies Brieflein, Narren, ist euch geweiht.

Närrische Botschaft

Wenn ich der Boten auch vergäße
Und ihnen Torheit nicht zumäße,
Sie mahnten mich wohl selber dran.
Den Narrn gebührt ein Botenmann,
Der trag im Mund, und sei nicht laß,
Ein Brieflein, daß es nicht werd naß,
Geh säuberlich wie auf dem Dache,
Damit das Ziegelwerk nicht krache,
Und schau auch, daß ihm nicht zur Last
Mehr wird, als du befohlen hast;
Er wisse, was ihm aufgetragen,
Vor Wein bald nicht mehr aufzusagen,
Und halt sich unterwegs lang auf,

Daß mancher kreuze seinen Lauf;
Er acht auf Zehrung in der Nähe,
Die Briefe dreimal er umdrehe,
Ob er erspähe, was er trage,
Und was er weiß, bald weitersage,
Und nachts die Tasche leg auf die Bank;
Hat er vom Wein dann einen Schwank,
So kommt er ohne Antwort wieder:
Das sind, so mein ich, Narrenbrüder.
Sie laufen dem Narrenschiffe nach
Und findens zwischen hier und Aach;
Doch sollen sie sich des vermessen
Und ihres Fläschleins nicht vergessen,
Denn ihre Leber, ihr Geschirr
Wird ihnen vom Laufen und Liegen dürr.
Doch wie der Schnee uns Kühlung leiht,
Wenn man ihn trifft zur Sommerszeit,
Also ein treuer Bote erquickt
Den, welcher ihn hat ausgeschickt.
Der Bote ist Lob und Ehre wert,
Der bald bestellt, was man begehrt.
(Brant, 80)

80
Eu andei longe pra valer,
mas sem perder o que beber:
a carta, doido, é pra você.

Missiva Doida

Se eu esqueci meu ojixé,
no devaneio em que estiver,

nessa lembrança nunca falto.
Doidos merecem um arauto
com fé na boca, sem olhar
a carta que não vai molhar,
e que ande como num telhado,
sem quebrar nada em qualquer lado,
e sem acrescentar carrego
ao teu pedido de sossego.
Pois ele sabia de cor
antes da pinga o decompor,
se passa a noite toda à toa
e cruza muita gente boa;
procura uma comida farta,
vira e revira cada carta
pra desvelar o que carrega:
o que descobre, logo entrega
e assenta o saco numa encruza.
Depois que da pinga ele abusa,
logo retorna mudo e mouco.
Assim é nosso irmão um louco,
partindo atrás da Navilouca,
que em parte alguma marca touca.
E nessa andança só vai safo
se não perder o seu marafo,
nem ressecar o seu cantil
ou o fígado por um fio.
Tal como a neve nos resfria
quando o verão no auge estia,
o fiel ojixé passou
pra refrescar quem despachou;
Um ojixé tem mais louvor
se cumpre logo o seu senhor.

O que intento fazer nesta tradução é deslocar levemente os referenciais do mensageiro ineficiente e louco criticado por Brant no seu sistema de insanidades humanas para, convocando o imaginário do mensageiro (*ojixé*) Exu, produzir um inesperado oriqui. O que poderia emergir daí é a reversão crítica do poema de Brant pela negação implosiva de sua negação: aqui o mensageiro que para pela estrada, conhece pessoas, se embriaga etc. deixa de ser um fracasso para ser o paradigma do mensageiro divino e, mais precisamente, por conta do novo contexto, o paradigma de um modo tradutório que reivindica no Exu das encruzilhadas — Lonã, senhor das estradas e caminhos — um modelo de criação tradutória. Então não seria o caso de analisar esta tradução pela teoria do escopo, julgando que ela se volta para um público ligado a religiões de matriz africana; nem pode ser apenas paródia do texto anterior, que aqui entraria em deriva cômica; pelo contrário, o seu deslocamento é um apontamento crítico que retorna ao poema de Brant e busca pervertê-lo (e também per-vertê-lo, vertê-lo inteiramente) para assim desvelá-lo naquilo que se cala. Em um oriqui de Exu, sabemos que "Exu faz o erro virar acerto e o acerto virar erro" ou "Ele faz o torto endireitar./ Ele faz o direito entortar" (duas traduções diversas de Pierre Fatumbi Verger). Podemos dar outros exemplos de encontros curiosos de encruzilhadas que passam perto dessa ação. Comecemos pela tradução de André Capilé que encerra seu livro *Chabu* (2019a, p. 56, em itálico no original):

soneto cxvi

nada atravanca o enlaçar de almas veras
— bem ao contrário; posto o amor não ser

amor, se muda por mudar seus pés
fujões — ou se deserta sem peleja.
aí deu ruim, que amor é ponta firme;
raios! vê-se em tumulto e não sacode
— erra, uiva, vibra, estrela, resiste
— desconhecido, é certo; e mais que pó.
a célere ampulheta — a boca e a face
coram — declina, compassiva à muda
que o amor não cede à toda hora. amar,
aguenta paciente o tempo cru.
se no lance a parada deu equívoco,
quem vai provar? não, se amou. nunca o escrito.

No livro em que lemos o texto brasileiro, não consta o original de Shakespeare, que na verdade não é nem mesmo mencionado como autor (a única sugestão explícita está nessa numeração do soneto). No entanto, Capilé assume o poema como tradução e visão crítica da obra, cabendo, portanto, ler aqui o inglês ali rasurado:

Let me not to the marriage of true minds
Admit impediments. Love is not love
Which alters when it alteration finds,
Or bends with the remover to remove:
O no! it is an ever-fixed mark
That looks on tempests and is never shaken;
It is the star to every wandering bark,
Whose worth's unknown, although his height be taken
Love's not Time's fool, though rosy lips and cheeks
Within his bending sickle's compass come:
Love alters not with his brief hours and weeks,
But bears it out even to the edge of doom.

If this be error and upon me proved,
I never writ, nor no man ever loved.

O que Capilé faz com a poética shakespeariana é a contorção completa do olho, da mente e da língua em sintaxe: o cristalino dado pelo desenvolvimento do soneto inglês vai se contorcendo e truncando em uma coloquialidade crua em seus afetos ("Aí deu ruim, que amor é ponta firme" traduz *O no! it is an ever-fixed mark*), ou em séries de concretude paratática ("— erra, uiva, vibra, estrela, resiste" traduz *It is the star to every wandering bark*). Além disso, joga com um modelo de rimas abreviadas (sacode/pó, muda/cru etc.) e com padrões rítmicos menos usuais, no decassílabo brasileiro em relação ao pentâmetro jâmbico, que põem em vertigem o próprio modelo amoroso relacionado à figura shakespeariana. Não se trata de imperícia técnica: percebemos no português como Capilé evita sistematicamente aquilo que Paulo Henriques Britto descreveu como "a relativa suavidade rítmica das traduções em comparação com o original, cuja métrica é muito irregular, principalmente nos versos iniciais" (2008, p. 143). Como contraponto, vamos ver as duas traduções poéticas desse soneto citadas pelo próprio Britto em seu estudo. A de Ivo Barroso (2005):

Que eu não veja empecilhos na sincera
União de duas almas. Não amor.
É o que encontrando alterações se altera
Ou diminui se o atinge o desamor.
Oh, não! amor é ponto assaz constante
Que ileso os bravos temporais defronta.
É a estrela guia do baixel errante,

De brilho certo, mas valor sem conta.
O Amor não é jogral do Tempo, embora
Em seu declínio os lábios nos entorte.
O Amor não muda com o dia e a hora,
Mas persevera ao limiar da Morte.
E, se se prova que num erro estou,
Nunca fiz versos nem jamais se amou.

E a de Jorge Wanderley (1991):

Ao casamento de almas verdadeiras
Não haja oposição. Não é amor
O que muda à mudança mais ligeira
Ou, desertando, cede ao desertor.
Oh, não, que amor é marca muito firme
E nem a tempestade o desbarata;
É estrela para a nau, que o rumo afirme,
Valor ignoto — mas na altura, exata.
Não é do Tempo mera extravagância,
Amor, embora a foice roube o riso
À face e ao lábio rosa; na constância,
Resiste até o Dia do Juízo.
Se há erro nisto e assim me for provado,
Nunca escrevi, ninguém terá amado.

Não preciso tecer mais comentários: basta observar o ritmo mais conservador e tradicional das duas traduções — marcadas por decassílabos heroicos e sáficos —, bem como a sintaxe mais petrarquiana e a estabilidade semântica das relações, para ficar claro que Capilé caminha num deslocamento em vários níveis, que virá a ressignificar o original. Ponto crucial são os dois versos finais: "se no lance a parada deu equívoco,/ quem vai provar? não, se amou. nunca o escrito". Aqui Capilé produz uma máquina de equívocos em relação ao poema inglês — e, se deu equívoco, quem vai provar o lance? Isso é potencializado por sua posição: *Chabu* é um livro que funciona como narrativa fragmentária, em poemas, de uma relação amorosa do começo até o fim doloroso e esgotado; é precisamente depois do chabu derradeiro que lemos o soneto, como afirmação da paixão amorosa (eterna enquanto dura?), agora disposta em plena derrota. Assim, o soneto de Shakespeare, para além da linguagem, é também relido e atravessado pelo contexto do amor não como fim, mas com um fim: não passa de uma velha fotografia da promessa não cumprida, como que reencontrada ao acaso ao se revirar as caixas do passado. É a própria escrita que aqui nos faz voltar, perdidamente, a Shakespeare para testar seus (ambíguo: dele? de Capilé) erros; o que produz um curto-circuito, já que a obra vertida ao português perverte os sentidos do original inglês.

Um processo semanticamente mais radical acontece na tradução que o poeta e tradutor helenista Leonardo Antunes fez (apresentada apenas em rede social) de um poema de Byron:

The Destruction of Sennacherib (Lord Byron)

The Assyrian came down like the wolf on the fold,
And his cohorts were gleaming in purple and gold;
And the sheen of their spears was like stars on the sea,
When the blue wave rolls nightly on deep Galilee.

Like the leaves of the forest when Summer is green,
That host with their banners at sunset were seen:
Like the leaves of the forest when Autumn hath blown,
That host on the morrow lay withered and strown.

For the Angel of Death spread his wings on the blast,
And breathed in the face of the foe as he pass'd;
And the eyes of the sleepers waxed deadly and chill,
And their hearts but once heaved, and for ever grew still!

And there lay the steed with his nostril all wide,
But through it there rolled not the breath of his pride;
And the foam of his gasping lay white on the turf,
And cold as the spray of the rock-beating surf.

And there lay the rider distorted and pale,
With the dew on his brow, and the rust on his mail:
And the tents were all silent, the banners alone,
The lances unlifted, the trumpet unblown.

And the widows of Ashur are loud in their wail,
And the idols are broke in the temple of Baal;
And the might of the Gentile, unsmote by the sword,
Hath melted like snow in the glance of the Lord!

A destruição de seilaoquê (Leonardo Antunes)

que poema legal que o birão escreveu
uns negócio de guerra entre assírio e judeu
deve tá lá na bíblia eu não sei muito bem
é uma história do cerco de jerusalém

as imagem são linda eu nem sei descrevê
tem ovelha tem lobo as estrela e um ET
na verdade é um anjo eu num acho que exista
tô chamano de ET porque eu sô marxista

rola uns símile homérico coisa bem linda
os antigo já usava e cêis usam ainda
quando as folha das arvre tão verde é verão
amarela no outono e cê toma uns quentão

foi assim de repente que a coisa mudô
os judeu se salvaro e num teve caô
chama deus ex machina e sabe por quê?
os assírio morrero no bafo do ET

os cavalo tombaro babano na boca
morticínio geral a parada foi loca
mas frustrante também vir assim o final
isso aí se evitava na higiene bucal

senti falta de luta de briga onde tá?
mas beleza se é assim que tá lá na torá
de repente é melhor essa paz de destino
que lutar noite e dia cos piá palestino

Antunes faz uma tradução que é, ao mesmo tempo, paráfrase explicativa e paródica do poema de Byron; assim, ela perverte a voz lírica do poema inglês, que vinha de um narrador sublime com pendor bíblico acerca da ruína do rei assírio Senaqueribe (c. 705-681 a.C.), o que é narrado originalmente em *2 Reis*, 19:35, assim traduzido na clássica versão inglesa da *King James*:

35 And it came to pass that night, that the angel of the LORD went out, and smote in the camp of the Assyrians an hundred fourscore and five thousand: and when they arose early in the morning, behold, they were all dead corpses.
36 So Sennacherib king of Assyria departed, and went and returned, and dwelt at Nineveh.
37 And it came to pass, as he was worshipping in the house of Nisroch his god, that Adrammelech and Sharezer his sons smote him with the sword: and they escaped into the land of Armenia. And Esar-haddon his son reigned in his stead.

Uma tradução do mesmo trecho poderia ser a de Almeida:[30]

35 Sucedeu, pois, que naquela mesma noite saiu o anjo do Senhor, e feriu no arraial dos assírios a cento e oitenta e cinco mil deles; e, levantando-se pela manhã cedo, eis que todos eram cadáveres.
36 Então Senaqueribe, rei da Assíria, partiu, e se foi, e voltou e ficou em Nínive.
37 E sucedeu que, estando ele prostrado na casa de Nisroque, seu deus, Adrameleque e Sarezer, seus filhos, o feriram à espada; porém eles escaparam para a terra de Ararate; e Esar-Hadom, seu filho, reinou em seu lugar.

Muito facilmente, percebemos como Byron ampliou a narrativa e deu a ela um estilo literário grandioso, com base

30. Almeida Revista e Atualizada, tradução da Bíblia publicada pela primeira vez em 1959 pela Sociedade Bíblica do Brasil, baseada na tradução de João Ferreira de Almeida (originalmente publicada de 1681 a 1693, revista e corrigida em 1898) e também na Tradução Brasileira da Bíblia (1917).

no *Paraíso perdido* de Milton, de modo a fazer do modelo bíblico um trampolim ao épico. Antunes, por outro lado, enxerta o próprio nome de Byron, pervertido em "birão", como personagem do texto, que assim desdobra sua assinatura. Antunes, como Capilé, insiste que seu trabalho é uma tradução, e não uma paródia ou mero comentário; no entanto, é uma tradução que recusa as noções tradicionais de fidelidade — e mesmo as mais heterodoxas de recriação poética — para criar um movimento instável e contraditório de proximidades e afastamentos. Nesse movimento, a retórica byroniana do poema inglês é desmantelada pela linguagem hipercoloquial de um eu-lírico que faz sua exegese bíblica em termos de OVNIs e outras intervenções mais próximas da cultura de massa contemporânea, ao mesmo tempo que desconhece até mesmo o estranho nome de Senaqueribe, logo transformado no quase homófono Seilaoquê. O procedimento ganha mais radicalidade por sua proximidade formal: Antunes recupera um mesmo modelo métrico (o tetrâmetro anapéstico de Byron vira dodecassílabo com tônicas na 3ª, 6ª, 9ª e 12ª sílabas), a mesma distribuição de rimas em quartetos AABB e a mesma contagem de seis estrofes.

O que temos então é uma tradução que ganha o filtro de uma persona para além do tradutor, revelando assim tanto a parafernália retórica — agora esvaziada — da microépica em inglês quanto a suposta transparência do tradutor, que aqui se torna também autor de uma voz artificialmente criada. Nesse movimento, o riso se torna arma de entendimento e ação sobre os textos e a polifonia dos jogos. Não é possível pensar que o poema de Byron saia intacto dessa tradução — certamente a lógica da causa e efeito é revertida, e Byron é que precisa se submeter ao texto de Antunes, como se este viesse antes.

Outros modos são ainda possíveis e vêm sendo realizados aqui no Brasil. Vejamos um poema de Adrienne Rich:

Song

You're wondering if I'm lonely:
OK then, yes, I'm lonely
as a plane rides lonely and level
on its radio beam, aiming
across the Rockies
for the blue-strung aisles
of an airfield on the ocean.

You want to ask, am I lonely?
Well, of course, lonely
as a woman driving across country
day after day, leaving behind
mile after mile
little towns she might have stopped
and lived and died in, lonely

If I'm lonely
it must be the loneliness
of waking first, of breathing
dawn's first cold breath on the city
of being the one awake
in a house wrapped in sleep

If I'm lonely
it's with the rowboat ice-fast on the shore
in the last red light of the year
that knows what it is, that knows it's neither
ice nor mud nor winter light
but wood, with a gift for burning.

Em seguida, observemos o modo como a poeta Nina Rizzi o recriou — com sua força e singularidade de tratar poema como feminino, *a poema*.[31] Assim ela publicou a poema-tradução de "Song" em seu blog pessoal, em 21 de julho de 2020:

canção, em lugar de tradução

você se pergunta se estou sozinha:
sim, estou sozinha
como a menina solitária e descalça
em suas roupas ganhadas, suas carnes lanhadas
sonhando com o através os canaviais
em cima de seu cavalo
que logo já não seria mais seu.

você quer me perguntar, se estou sozinha?
sim, claro, sozinha
como uma mãe com sua cria
uma mãe-polvo que não pode deixar nada para trás
porque a cria grita e grita e grita

31. Rizzi faz um processo provocativo e singular de feminilizar o gênero do termo "poema", que sempre é tratado por "a poema" em suas falas e obras literárias, convocando-nos à subversão da linguagem como ação no presente.

e os tentáculos nunca podem dar conta
porque uma mãe sempre está sozinha, até na morte

se estou sozinha
a solidão é mulher, é preta, e é tão bonita e é além
acordar, respirar o fumo olhando a janela
como se pudesse atravessar janelas
dormir e acordar
em uma casa-oca com pajaritos fazendo festinhas

se estou sozinha
una hojita despencando lenta
no meio da floresta
tantas árvores, tantos bichos
una hojita, solita
despencando lenta
neste país onde queimam florestas.

No caso dessa tradução — muito acertadamente intitulada "canção, em lugar de tradução", porque é as duas coisas ao mesmo tempo, mesmo que, no limite, contraditórias —, é possível sentir seu movimento como que ainda aberto. Como se não fosse possível traduzir o texto tal como ele é (seja lá o que isso for), porque algo além se torna necessário, algo até da própria voz da poeta brasileira, negra e bissexual. Isso acontece a cada estrofe, quando Rizzi traduz semanticamente o primeiro verso para, nos versos seguintes, ir deslocando os símiles solitários e abstratos de Rich para imagens novas, mais concretas e críticas. Na primeira estrofe, o avião solitário cruzando céus e montes é transformado numa menina descalça e pobre que sonha num canavial sobre um cavalo que logo terá de ser vendido. Na segunda, a mulher que viaja sozinha em seu carro sem parar por várias cidades se transforma numa mãe que viaja com sua prole, sentindo-se solitária apesar de acompanhada, sempre parando para cuidar de alguém que não a si própria. Na terceira, a solidão de um simples despertar sozinha, independente, se desdobra na faceta da mulher, da preta, que assume sua beleza e desenrola até a língua em deleites com o flerte do espanhol (uma prática recorrente na poesia autoral de Rizzi, que assim vai deixando a canção cruzar sua própria voz). Na quarta e última estrofe, a imagem poética do bote que atravessa águas e gelo, mas guarda em si a semente do fogo, vira folhas que caem de uma árvore num país que destrói florestas inteiras, assim reconfigurando o poema inteiro sob o risco contínuo do genocídio dos grupos indígenas e negros, dos índices altíssimos de assassinato da comunidade LGBTQI+, do recorrente feminicídio a cada dia silenciado num Brasil brutal e conservador. Com tudo isso, Rizzi vai revertendo uma série de imagens poéticas da ordem da beleza, tal como desenhadas por Rich, numa série de reconstruções violentas em que a experiência da beleza parece ser bloqueada por um massacre econômico, social e cultural. Se, por um lado, a canção-tradução retoma como mensageira a tópica da solidão do poema de Rich, com sua singular positividade, por outro, o feminismo branco de Rich não assume o dilema da negritude; a solução de Rizzi é então recuperar um pouco dos encontros de Rich com a também poeta negra Audre Lorde para assim trazer o peso da "solidão da mulher negra".

A força da tradução, para além da força do próprio poema de Rich, está nessa sua ambivalência: por um lado, homenageia e referenda Rich, por outro, exerce sua crítica e desdobra o poema como tradução e não tradução, um gesto exusíaco que pode apresentar frutos políticos para se pensar as diferenças de vários discursos engajados que se tocam e se afastam sem parar. Isso acontece porque a tradução, assumindo-se ela própria canção, é *uma poema* singular que não para de remeter ao seu original, ao mesmo tempo que opera cortes e enxertos, deslizamentos e realinhamentos que provocam nossa leitura crítica de Rich e do presente da poesia no Brasil.

Essa postura de crítica e convívio é bem ilustrada por uma poderosa passagem de Aimé Césaire em sua *Une tempête*, quando Ariel visita Caliban para avisá-lo que o mestre Próspero pretende destruí-lo. Ali, na primeira cena do segundo ato da peça, os dois escravos coloniais expressam suas diferenças e mesmo incompatibilidades para, por fim, num gesto de reconhecimento (cada um andando no ritmo de seu próprio tambor, diz Ariel, sem acompanhar o ritmo do outro), assumirem-se irmãos. Ariel deseja ao guerreiro insurrecto Caliban mais coragem; Caliban deseja ao pacifista semi-integrado Ariel boa sorte. Caminhos se cruzam em choques, mas as partilhas não estão encerradas por causa disso. A tradução de Nina, ao mesmo tempo que tece e explicita toda a crítica ao poema de Rich, é uma mão estendida às potências poéticas e políticas desse convívio de diferenças.

Outra leitura de poesia de uma mulher norte-americana vem de Jeanne Callegari sobre um soneto de Edna St. Vincent Millay, uma "dublagem" originalmente publicada no folhetim *Fluxos*, em março de 2020, ainda sem o subtítulo que lemos aqui:

eu, nascida mina e em altas tretas
dublagem de um soneto de edna st. vincent millay

eu, nascida mina e em altas tretas,
nos dias que a gente tá meio facinha,
começo, você aqui tão na minha,
a te achar gato, e me dá na veneta

sentir o teu pau na minha boceta:
viver vai dando uma coceirinha,
embota a jaca e molha a calcinha
e fico eu de novo bem zureta.

não pense porém que a zoação
do sangue safo na tonta psique[32]
suaviza ou muda a opinião

que tenho — vou desenhar pra você:
acho essa pira pouca razão
pra papear num próximo rolê.
(Jeanne Callegari)

Como no caçulancião que é Exu, a dublagem parece sempre anteceder o original, e por isso agora vem o texto inglês:

I, being born a woman and distressed

I, being born a woman and distressed
By all the needs and notions of my kind,

32. Na publicação, lê-se "psique", mas metro e rima sugerem que se leia "psiquê", como oxítona.

Am urged by your propinquity to find
Your person fair, and feel a certain zest
To bear your body's weight upon my breast:
So subtly is the fume of life designed,
To clarify the pulse and cloud the mind,
And leave me once again undone, possessed.
Think not for this, however, the poor treason
Of my stout blood against my staggering brain,
I shall remember you with love, or season
My scorn with pity,—let me make it plain:
I find this frenzy insufficient reason
For conversation when we meet again.
(Edna St. Vincent Millay)

A primeira impressão que temos, ao ver a dublagem e seu original, é de que Callegari apenas atualiza o discurso do soneto de St. Vincent Millay para uma linguagem coloquial mais brasileira e, especificamente, um tanto paulista (daí a pletora "mina", "tretas", "facinha", "boceta", "zureta", "zoação", "rolê" etc.), que consegue manter um quase-metro e rima com uma agilidade impressionante. No entanto, se observamos de perto, não é apenas isso que acontece. Callegari, na verdade, torna o afeto contido da poeta norte-americana uma exposição do desejo feminino; por isso vemos como o afetado *By all the needs and notions of my kind* se torna "nos dias que a gente tá meio facinha"; do mesmo modo, o delicado *To bear your body's weight upon my breast*, que apresenta o sexo com o corpo masculino por cima do feminino, é reinventado explicitamente como "sentir o teu pau na minha boceta". Por fim, os versos finais, que recusam o desejo ardente para dar continuidade a um relacionamento (*let me make it plain:/ I find this frenzy insufficient reason/ For conversation when we meet again*), acabam com uma versão mais ambígua: "vou desenhar pra você:/ acho essa pira pouca razão/ pra papear num próximo rolê". O que temos, portanto, é uma explicitação do desejo silenciado, nos detalhes das palavras do poema em inglês, que vai sendo passo a passo verbalizado na sua dublagem brasileira, de modo que a tomada ética do corpo feminino acaba encenando os movimentos feministas que acontecem entre a vida de Edna St. Vincent Millay (1892-1950) e o Brasil dos anos 2010.

Na tradução de Callegari, a metafísica que em St. Vincent Millay a leva a expressar seu desejo — de modo contido e prenhe de silêncios, para depois recusá-lo por ser apenas corporal, com a recusa até dos diálogos que podem levar ao sexo — é transformada na possibilidade de que num próximo encontro os amantes possam partir direto para o sexo, sem passar pelo papo. É a linguagem de Callegari que abre os versos finais ao equívoco de que "pouca razão/ pra papear num próximo rolê" possa ser tanto a recusa de um novo encontro quanto a afirmação de que o próximo dispensaria as preliminares da conversa. O que interessa é a manutenção do texto *como equívoco frutífero,* pois sua abertura a novos encontros casuais, ao mesmo tempo, não impede que o poema seja, ainda, uma recusa de novos encontros, porque seriam *one night only.* Com isso, exusíaca, Callegari aponta e renega o sexo e, ao mesmo tempo, critica e mantém a metafísica algo comportada de St. Vincent Millay, que passa a ser lançada à vertigem dos rolês da noite paulistana.

Gostaria de mostrar um experimento daquilo que chamei, ironicamente, "dupla torção tradutória" de um soneto da seção 26 da *Vita nuova*, de Dante Alighieri:

Tanto gentile e tanto onesta pare
la donna mia, quand'ella altrui saluta,
ch'ogne lingua deven tremando muta,
e li occhi no l'ardiscon di guardare.

Ella si va, sentendosi laudare,
benignamente d'umiltà vestuta;
e par che sia una cosa venuta
da cielo in terra a miracol mostrare.

Mostrasi sì piacente a chi la mira,
che dà per li occhi una dolcezza al core,
che 'ntender no la può chi no la prova:

e par che de la sua labbia si mova
un spirito soave pien d'amore,
che va dicendo a l'anima: Sospira.

O próprio poeta florentino diz, após apresentar essa peça singular da lírica italiana, que é um soneto "de entendimento simples", que não precisa de qualquer divisão ou análise. Ele seria translúcido, então? Por certo, todas as pilhas inumeráveis de interpretações posteriores recusariam tal ideia. Mas ainda para além da interpretação, o poema tem uma ação, que pode se rever em tradução. Eis a torção dupla que proponho:

1.

Parece tão polido e tão contido
o meu garoto quando cumprimenta
que toda língua treme e assim se ausenta
e o olho nem arrisca olhar comprido

Ele passa e se sente mais querido
vestindo de bondade a vestimenta
parece um ser que o céu nos apresenta
e mostra que um milagre foi cumprido

Provoca um tal prazer a quem o mira
que pelos olhos dá dulçor ao cor
que só compreende quem acaso o prova

parece que dos lábios já se mova
um hálito suave só de amor
que à alma logo vai dizendo — Pira.

2.

Parece tão finesse e tão tesudo
meu boy magia quando cumprimenta
que toda língua treme e não se aguenta
e o olho nem arrisca olhar em tudo

ele passa e se sente caralhudo
vestindo de delícia a vestimenta
parece um ser que o céu nos apresenta
feito um milagre fosse o conteúdo

provoca um comichão em quem o toca
que pelos olhos come o coração
e só compreenderia quem o prova

parece que nos lábios se comprova
um hálito gostoso de tesão
que à alma logo vai dizendo — Loka.

Nessa série de duas traduções que formam um díptico a partir do texto dantesco, o que vemos é uma reversão do olhar. Se tradicionalmente o Ocidente dividiu — tanto nos papéis dos gêneros amorosos quanto naqueles de uma poética predominantemente heterossexual — a masculinidade como fonte do olhar e lugar do sujeito que observa o mundo, e a feminilidade como objeto visível, parte do mundo irracional a ser compreendido e dominado pelo polo da racionalidade máscula, poderíamos inverter o jogo apresentando agora — um tanto ao modo de exemplares da poesia grega antiga, como em Íbico, Píndaro ou Anacreonte, Calímaco, Teócrito etc. — o corpo masculino como objeto irracional do desejo, ele próprio irracionalizado como parte do mundo do *pathos*. Daí a singularidade de essa dupla tradução não se organizar como duas leituras paralelas e possíveis de um mesmo texto de Dante,[33] como é próprio de toda atividade tradutória, sobretudo poética, mas sim como dupla torção, que caminha de uma coisa à outra. A primeira mantém parte do que poderia ser entendido como poética sutil dantesca, sobretudo a partir de experimentos já feitos por Décio Pignatari em *Retrato do amor quando jovem* (onde

33. Em Flores e Gonçalves (2017), eu havia feito algo nessa linha de multitradução com um epigrama de Tibulo.

traduz também Shakespeare, Sheridan e Goethe). Assim ele traduzira o mesmo soneto, dando a Dante uma leveza até então desconhecida em português:

> É tão gentil e de vaidade isenta
> a minha dama, quando alguém saúda,
> que a língua logo trava, tartamuda,
> e a vista na visão não se sustenta.
>
> Quando ela passa entre os louvores, lenta,
> afável na humildade que não muda,
> lembra coisa do céu vinda em ajuda
> de todo aquele que um milagre alenta.
>
> Não há graça maior pra quem a mire:
> uma doçura, pelo olhar, vai fundo
> — e só quem já sentiu pode dizê-lo.
>
> Velando o seu semblante com desvelo,
> um espírito do Amor se mostra ao mundo,
> dizendo à alma, devagar: Suspire!
> (Pignatari, 2006, p. 60-61)

Uma obra prima da tradução poética no Brasil, pelo uso sutil do falar materno vivo, pela melopeia afiada e pela manutenção dos jogos conceituais do italiano. No entanto, a primeira torção que apresento busca outra coisa diversa de uma obra paralela e funcional na língua de chegada, ou seja, anseia a perversão do projeto original, deslocando-o no tempo para uma crítica que tanto salta ao arcaico da poesia greco-romana quanto ao presente da nova força da poesia feminista e LGBTQI+. Daí a necessidade da segunda torção, com uma linguagem que desce Dante não só à sutileza do falar materno, mas às possibilidades poéticas mais recentes desse falar quando ele se faz no embate das posições de olhar/olhado. Não pude deixar de beber, nessa tradução-ficção-lírica que proponho, nos poemas que Adelaide Ivánova vem produzindo e chamando de recibos, quando dialoga com amores reais e inventados. E isso não é fazer propriamente uma poesia feminista ou LGBTQI+, dada minha própria biografia, que não acataria esses lugares de fala, mas organizar, como Gonçalves, Capilé ou Antunes, uma contradição temporal em que o sentido do original se abre a ser, num só gesto, acolhido e revisto criticamente, traduzido e censurado, alçado e solapado. Esses modos tradutórios, como apontei rapidamente nas últimas páginas, não se organizam num modelo unitário; como já se viu, Exu é a função diferencial por excelência. Isso quer dizer que até mesmo alguns dos experimentos tradutórios dos poetas concretos Décio Pignatari, Augusto de Campos e Haroldo de Campos poderiam se encaixar teoricamente sob a égide da tradução-exu. Como exemplo, cito aqui uma tradução que Haroldo de Campos apresentou da ode 1.38, do poeta romano Horácio, no jornal *Nexo*, em 1988, e que foi posteriormente publicada em *Crisantempo* (1998, p. 185):

persicos odi, puer apparatus

Garçom, faça o favor,
                    nada de luxos persas.
Nem me venha com estes
                    enfeites de tília.

Rosas? Não quero rosas,
　　　　　　　　se alguma ainda esquiva
Resta da primavera.

Para mim basta o mirto.
　　　　　　　　O simples mirto.
O mirto com você
　　　　　　　　também combina,
Puer, garçom-menino,
　　　　　　　　ministro do meu vinho,
Que o vai servindo,
　　　　　　　　enquanto eu vou bebendo,
Sob a cerrada vinha.

Mais do que redispor visualmente o poema originalmente escrito em estrofes sáficas latinas, Campos aplica um movimento um tanto inesperado: ele lê Horácio pelo filtro de Noel Rosa e Vadico, mais especificamente da célebre canção "Conversa de botequim", composta em 1935, que começa com os seguintes versos:

Seu garçom, faça o favor de me trazer depressa
uma boa média que não seja requentada

Ora, verter Horácio no viés da canção popular não é apenas um jogo engraçado para reler a ambiguidade do termo *puer*, que tanto pode significar aqui "menino" quanto "jovem escravo" e, pelo contexto, o "garçom", já que serve o vinho do poeta. É, de algum modo, retomar a poética dos *Carmina* horacianos — comumente traduzidos por "odes" — pelo sentido que eles têm de fato em latim: "cantos" ou "canções". Horácio, desse modo, pode sair da clausura em que foi colocado, junto com Virgílio, desde o modernismo, por serem duas figuras historicamente ligadas à tradição e ao conservadorismo, tanto das artes (sob o símbolo do bom gosto clássico), quanto dos costumes (como modelos de moral e cívica). Haroldo, ao escolher e assim verter essa pequena peça, nos mostra um Horácio capaz de riso, aberto ao canto e, se lermos com atenção o texto latino e brasileiro, claramente homoerótico. O poema é, num só gesto, uma metapoesia sobre a construção estética (a recusa dos adornos fúteis da tília e da rosa em favor do mirto sem flores, planta de Vênus, e da vinha de Baco) e uma bela cantada em seu garçom. Essa duplicidade, na tradução, é multiplicada já pelo título, que retoma o primeiro verso latino, e pelo primeiro verso, que aponta para a tradição do cancioneiro e o espaço do botequim. Assim, Noel e Vadico são conclamados não como mero jogo, mas como chave de desleitura crítica, algo que Haroldo talvez colocasse na ação do anjo luciferino, mas que aqui podemos, sem pejo, acertar como exusíaca em sua função de oráculo e perversão, deriva e crítica. Algo similar Haroldo fez também com a ode 1.5, *Ad Pyrrham* (1998, p. 183-184), ao reler o turbulento e tempestuoso triângulo amoroso sob a chave do riso irônico, mais uma vez tirando de Horácio o lugar que a tradição lhe outorgara e as vanguardas acabaram por endossar. Práticas como essas, apesar de não fazerem parte dos principais trabalhos de fôlego de Haroldo de Campos, encontram-se espalhadas por inúmeras traduções mais esparsas, não só dele, como também de Augusto de Campos e Décio Pignatari, uma questão que merece um levantamento melhor num momento futuro. Por ora, creio que ela já nos sugere que o guarda-chuva amplo da transcriação haroldiana abriga abordagens muito diferentes entre si, e que algumas delas talvez ainda mereçam maior desenvolvimento teórico da nossa parte.

Nesse movimento, a tradução-exu não serve apenas como crítica de um texto, mas também da tradição de leituras a que esse texto foi submetido historicamente. Esse ponto ganha um desdobramento singular nos trabalhos de *transdução* realizados por Raphael Pappa Lautenschlager (2021), em produção ainda inédita,[34] e que também são apresentados no Instagram — na forma de vídeos com música, colagem e tradução[35] — sob o título de "Anaqueernismo e Transdução". A ideia de *anaqueernismo* proposta por Lautenschlager busca unir, de um lado, algumas teorias queer e, de outro, uma afirmação do anacronismo deliberado para assim traduzir uma antologia de poemas homoeróticos gregos arcaicos, praticamente todos em estado fragmentário (por vezes em verdadeiros farrapos). O que está em jogo num projeto como esse é uma verdadeira revisão crítica dos silenciamentos de gênero que a tradição da filologia helênica e romana, consciente e inconscientemente, produziu ao longo dos últimos séculos. Lautenschlager revê como, por exemplo, K. J. Dover, no seu clássico *A homossexualidade na Grécia Antiga*, originalmente publicado em 1978, usando um suposto método de objetividade crítica, tende a normalizar e mesmo naturalizar a heterossexualidade, ao passo que sempre parece buscar contornos no mínimo questionáveis para evitar enfrentar as

34. Agradeço imensamente a ele por me ceder suas traduções, quando ainda inéditas, feitas para sua tese de doutorado, um trabalho que tive a sorte de orientar e acompanhar de perto com André Capilé, Leonardo Antunes e Rodrigo Tadeu Gonçalves, presentes na banca de defesa, formando um quinteto que aqui se encontra tradutoriamente.
35. Disponível em: https://www.instagram.com/anaqueernismoetransducao/.

cenas de sexo explícito, ou de desejo explícito, entre pessoas do mesmo sexo, segundo o próprio título do livro anuncia.

Do mesmo modo, diante das ambiguidades de contexto e escrita que eivam toda transmissão textual, Lautenschlager mostra como a tradição filológica tende sempre a preservar um automatismo na leitura heteronormativa, o que produz uma série de textos aparentemente desprovidos de homoerotismo. O resultado disso é que qualquer leitura de desejo homoerótico passa a ser aceita apenas quando aparece extremamente marcada, enquanto o não marcado é a suposta normalidade das sexualidades ocidentais modernas. Como contraponto, o estudioso opta por hipermarcar tudo que aparece no texto, invertendo a lógica da crítica e, de certo modo, produzindo verdadeiras traduções-*drag*, que apostam no excesso da performance de gênero como um modo de ação no mundo. Nesse sentido, Lautenschlager enxerta possibilidades do discurso de gênero contemporâneo a partir do vocabulário do pajubá brasileiro e também de gírias usadas por pessoas do universo LGBTQI+. Vejamos dois exemplos, a começar pelo fragmento 359 de Anacreonte:

Κλεοβούλου μὲν ἔγωγ' ἐρέω
Κλεοβούλῳ δ'ἐπιμαίνομαι,
Κλεοβούλον δε διοσκέω

Cleobulo como eu te amo
Cleobula, tu é um perigo
Cleobule, só te olho.

O fragmento de apenas três versos é marcado, em grego, pelo poliptoto, ou seja, a repetição de uma mesma palavra em casos sintáticos diversos; no caso, é o nome de Cleobulo, o amado, que aparece primeiro no genitivo, depois no dativo e, por fim, no acusativo, de modo que uma tradução literal do trecho poderia ser assim feita: "Eu amo Cleobulo/ Enlouqueço por Cleobulo/ Encaro Cleobulo". A obliquidade da terceira pessoa no texto grego não é capaz de apagar o efeito de uma verdadeira cantada que acontece no poema, um efeito que só pode ser recriado se o anacronismo do afeto homoerótico reencontra sua força pelo desbragamento do afeto também no presente; assim, Lautenschlager desdobra o nome chave evocado no texto em um novo poliptoto brasileiro, renomeando Cleobulo-masculino em Cleobula-feminino e Cleobule-neutro, segundo práticas contemporâneas de não marcação/indeterminação de gênero. Ao mesmo tempo, um sub-reptício "te" é inserido, recolocando a cantada num modo direto, enquanto o segundo verso cita uma canção da cantora Letrux, "Flerte revival", de 2017. O contexto de cantada é o cerne dessa canção:

Eu te vi nas artes plásticas
Cê mexeu demais comigo
Tu é o revival do marinheiro
Cê sabe circular
Meu look eu pensei o dia inteiro
Só pra te encontrar
Menino, *tu é um perigo*
Me avisaram, mas não deu tempo
Eu fico na pista o set inteiro
Dançando como se
Seu corpo estivesse junto do meu, marinheiro.

Essa peça é apresentada num breve vídeo feito por Luciana Carvalho, usando a música de Letrux como fundo sonoro e excertos da pintura "O jardim das delícias", do pintor renascentista Hieronymus Bosch, como base visual para o poema em grego e português. O resultado é uma verdadeira performance de gênero que perverte (no sentido etimológico de "per-verte", ou seja, verte completamente) o texto de Anacreonte em diálogos inusitados que, por sua vez, reinsuflam vigor erótico no fragmento e, num mesmo gesto, operam uma violenta e necessária crítica aos silenciamentos da crítica helenista mais conservadora. A roupagem quase *drag* de seus exageros (tal como uma *drag queen* não busca imitar o feminino de modo realista, nem um *drag king* o masculino, mas sim jogar com os limites mesmo dessa organização performática) é um movimento de crítica a qualquer pretensão de naturalidade ou normalidade dos sexos.

Um segundo exemplo consegue ser ainda mais radical, como é o caso do fragmento 93 de Safo de Lesbos. Nesse caso, o estudioso optou por um método ainda menos usual. Ele vem usando as minhas traduções de Safo e sobre elas propõe rasuras drásticas que ressignificam o fragmento, acionando o trabalho tradutório poético recente como baliza para desdobrar criticamente seu próprio projeto. Vejamos primeiramente o fragmento e a minha tradução, publicada em *Safo: fragmentos completos* (Flores, 2017b, p. 258-259):

]ις ...εγ
]ω
]μοις

]αλιαν εχω
]παρθενων

]is...ém
]ou
]ar
]posso ter
]virginais.

Assim Lautenschlager propõe sua transdução:

Pisem no ar, posso ter sapatão

Ora, em primeiro lugar, é preciso notar que o fragmento está tão danificado que não temos como depreender basicamente nada dele. Aqui está um ponto complexo de interpretação de gêneros, pois a única palavra de fato absolutamente compreensível é παρθενων, que pode ser lida como "das virgens", e talvez εχω, que poderia significar "tenho". Por motivos de métrica e efeito sonoro, mesmo sendo um fragmento, optei por recriar as sonoridades dos trechos incompreensíveis e por formular a parte compreensível como "posso ter... virginais". Em sua transdução, Lautenschlager joga com os sons da minha tradução ("Pisem no ar, posso ter virginais") e com o texto grego, recriando as virgens como "sapatão" (como eco sonoro de *parthenon*). Ora, impossível afirmar que virgens aqui sejam *tout court* algo relacionado às lésbicas do presente no Brasil. No entanto, se considerarmos as *partheneias*, um gênero poético coral cantado por jovens virgens nesse período arcaico, um ponto surge. É nesses poemas que vemos as jovens louvarem a beleza e os corpos umas das outras (talvez como uma espécie de floreio aos casamentos, um pré-epitalâmio); esse tipo de cena aparece tanto na poesia de Safo em Mitilene (pólis de Lesbos) quanto na do poeta Álcman, em Esparta, fazendo do olhar homoerótico feminino uma marca possível. Se for assim, o fragmento — que, na sua quase impossível leitura, quase sempre escapa às interpretações sobre homoerotismo — pode ser revertido a partir de uma afirmação do desejo feminino por outros corpos femininos, usando um vocabulário do presente. É o que faz Lautenschlager em outro vídeo, dessa vez ele próprio tocando a canção em grego e latim (pervertendo o metro que surge dos fiapos de texto como se fossem uma continuidade), porque aproveita o movimento de tradução e performance como um lugar para sua própria performance de gênero, assumindo publicamente, como acadêmico e tradutor de poesia, o seu próprio homoerotismo a partir do homoerotismo feminino.

Seria ingênuo avaliar uma tradução dessas apenas a partir da fidelidade semântica da escolha das palavras: o que acontece numa empreitada de risco desse tipo, mais do que "uma aventura histórica do sujeito", como pensa o tradutor francês Henri Meschonnic, é um verdadeiro laboratório de implosão da tradição. Num gesto simples, Lautenschlager nos apresenta um mundo inteiro pelo avesso, provocando-nos a normalizar o homoerotismo e a anormalizar a expectativa de amor heterossexual; mais, ele mostra como a minha própria tradução — que se supunha radical pelos procedimentos de métrica, canto e linguagem cancioneira — pouco avança em relação ao que vinha antes num ponto que se mostra premente, ainda mais diante do crescimento de um conservadorismo genocida que ameaça minorias de todas as ordens. É divergindo radicalmente do que se espera do fragmento por naturalidade interpretativa que o estudioso revela o nosso próprio modo de ler a poesia arcaica; nesse viés, toda objetividade ansiada pelo filólogo precisa ser revista à luz da ideologia que o produz.

Assim, a tradução-exu, no limite, fará da diferença uma diversão-divergência tão imensa que o próprio nome tradução periga ruir.

Tanto melhor.

Sotaqueiro

Por vezes, a manipulação de um conceito é o puro choque de contextos, equívoco desdobrado ao seu limite. Nesses casos, poderíamos nos perguntar sobre a possibilidade e a função da tradução conceitual, quando toda tradução deve inevitavelmente proliferar os contextos do texto original em novos mundos. Nesta seção, quase parêntese reflexivo, tomo um caso singularíssimo que aparece desde o título do livro: *The Signifyin(g) monkey*, do norte-americano Henry Louis Gates Jr., publicado originalmente em 1988. Como o próprio autor anota, o projeto do livro é produzir uma teórica crítica e literária para a negritude nos Estados Unidos. Importante marcar esse fato, porque não se pretende uma teoria geral da negritude (embora ela certamente se amplie num Atlântico negro aberto a retomadas, reapropriações e mixagens em verdadeiros *samplers* interculturais), mas sim uma leitura específica, que toma dois exemplos narrativos como fundamento para a produção de um conceito.

O primeiro deles, que ocupa todo o primeiro capítulo, é Exu-Elegbará como divindade iorubana que desvela mecanismos singulares do inacabamento da linguagem; nesse ponto nem toco aqui, que redundaria em muito do que vai se desenvolvendo. O segundo exemplo, a quem é dedicado o capítulo seguinte, é o que mais nos move aqui: trata-se do *Signifying monkey*, uma figura recorrente em uma série de poemas satíricos que, por ser capaz de dominar a linguagem e suas equivocações, faz com que o leão entre em disputa com o elefante ao mesmo tempo que ele próprio tece uma rede de ofensas contra o leão, apostando em sua segurança acima da árvore; ora, o macaco, nesses poemas, sempre cai e, quando vai ser aniquilado pelo leão, manipula a releitura de suas falas para mostrar que toda ofensa e intriga é apenas má leitura do leão, e nunca fruto das intenções originais do macaco; assim, ao retornar ao seu galho (quando consegue), o macaco retorna às suas ofensas e intrigas. Gates Jr. vê no *Signifying monkey* um modelo de uma diglossia interna da língua, uma cisão de práticas atravessadas que permite ao macaco (agora já associado ao negro escravizado e posteriormente liberto ou livre) sobrepujar o uso mais reto, padrão e, por que não?, branco do leão.

Até aqui tudo certo: o livro de Gates Jr. é genial para se pensar multiplicidades de modos literários dentro de uma mesma noção de nação, rompendo com a suposta integridade, sendo por isso capaz de dar uma leitura singular a vários momentos da literatura negra nos Estados Unidos. O ponto chave dessa ideia, no entanto, está no próprio termo que designa o macaco: *signifying*. Ora, é um macaco significante, mas que seria um macaco significante? À primeira vista, parece indicar apenas a capacidade linguística do macaco, como que a designá-lo como um "macaco falante"; porém, nos poemas, com seu modo de fábula, todos os personagens seriam igualmente significantes. Algo escapa ao uso dicionarizado de *signify*. Aqui Gates Jr. recorda a prática do *Black English* e das culturas negras norte-americanas de usar o termo branco com outros sentidos: *signify* é também zoar, tirar sarro, ofender, provocar riso lúdico, ironia, trocadilho, garantir mascaramento entre grupos; é um conceito que se desdobra em muitos e parece ser de fato elusivo quando tentam determiná-lo numa só ideia. Por isso, Gates Jr. passa a compreendê-lo como um modelo de uso geral de retóricas da linguagem negra (mesmo quando não realizada por negros no sentido fenotípico). Para diferenciar os dois tipos de significância, ele então propõe *signify* (em minúscula) para o uso mais dicionarizado e branco, e *Signify* (em maiúscula) para essa manipulação retórica em chave negra; mais que isso, ele a põe num gerúndio ativo, *Signifyin(g)*, com o "g" entre parênteses, para reforçar a diferença (e no caso também a *différance*, ou *diferensa*, derridiana) entre as práticas em torno de uma suposta mesma palavra. É aqui que chegamos a um ponto tradutório sem saída: Gates Jr. ampara toda sua teoria numa diglossia interna e no efeito de sua equivocação como primeiro passo necessário para entender o efeito em jogo. "Significar/significante", em português, não apresenta nada similar; sugerir um "macaco falante" arruinaria por completo todo o argumento. O que nos resta?

Gostaria de jogar aqui um subesboço de projeto tradutório de um conceito, que implicaria também seu realocamento diferenciante em outro ambiente. Se ao mundo lusófono parece faltar o *Signifying monkey*, um desdobramento possível poderia ser o sotaque de caboclo.

Explico-me: em primeiro lugar, o termo "sotaque" tem um uso genérico (*quasi*-branco, poderíamos dizer) por todo o território brasileiro para designar as marcas típicas da fala de uma determinada região, mais especificamente as marcas muitas vezes orais da prosódia, embora também possa assumir as marcas de escolhas lexicais. Ora, apesar de seu uso genérico, o *Dicionário Houaiss* não nos dá a sua etimologia, considerando-a obscura, apesar de o termo estar presente na língua pelo menos desde 1720; já o *Novo dicionário banto do Brasil*, de Nei Lopes, nos informa que o termo teria origem banta, e é dali que podemos partir para sua equivocação. Vejamos:

> (1) Indireta, debique, ironia velada (AP); (2) Cantigas de escárnio e zombaria que, nos candomblés de caboclo, as entidades dirigem àqueles com quem não simpatizam — Abon. "Outro cântico, também para Pedra Preta, mostra o que se chama sotaque, nos candomblés de caboclo". (Edison Carneiro, *Negros bantos*, 1937, p. 64) — Possivelmente, relacionado ao quicongo suta, tripudiar.

Ora, se aceitarmos a proposta instigante de Lopes, "sotaque" é o deslocamento de um uso invertido: é a marca na linguagem que pode indicar o tripúdio, porque retoricamente se afasta do uso coloquial. A partir daí é que a palavra teria se desenvolvido para indicar uma alteridade na fala do outro, centralizando a ideia no ouvinte que mal compreende como vai sendo zombado por sua ignorância da fala alheia (uma experiência muito comum quando vamos a lugares distantes da nossa vida cotidiana, onde não conseguimos compreender muito bem o sotaque e acabamos perdidos entre as piadas dos outros, que podem ou não se voltar sobre nós). Mas voltemos ao cerne: se tomássemos o sotaque dos caboclos incorporados em terreiros, teríamos talvez uma poética crioula muitíssimo singular. O sotaque do caboclo, essa figuração divinizada do ancestral ocupante da terra — ou seja, o ameríndio, muitas vezes anterior a Cabral —, é, ao mesmo tempo, uma diglossia; em verdade, poliglossia seria mais adequado, já que essas falas misturam marcas de origem banta, iorubana, lusitana, tupi-guarani etc. Essa poliglossia, marcada por seu léxico, sintaxe e tom, ou seja, por um sotaque em termos genéricos, é também marcada pelo sotaque de origem quicongo, por cantigas que convocam ao embate, produzem piada com o outro, deslocam as relações de puro e simples respeito à sua quase divindade. O caboclo — figura das matas brasileiras por vezes vinculado aos orixás Oxóssi/Odé ou aos inquices Mutacalambô/Mukongo, algo que preconceituosamente o vincula ao macaco, do ponto de vista do branco colonizador, que também associa o negro aos primatas em geral — reverte sua posição de macaco significante sendo um sotaque de macaco, usando inclusive sons incompreensíveis quando está num corpo em transe.

Mas é claro que traduzir um *Signifyin(g) monkey* em sotaque de caboclo, ou, marcando ainda o espaço entre som e letra, num *sutake de macaco*, não resolve o problema, no sentido de dar uma resposta unívoca e eficiente à proposta do crítico. É talvez, sim, uma tradução-exu ao conceito, por expor, no ato tradutório, mais o dilema crítico do lugar em que Gates Jr. pensa, com seus potenciais e limites, para aí, num pulo enviesado de gato, desdobrá-lo como ferramenta outra de outros terreiros. Esse desdobramento com continuidades e cortes entre terreiros poderia ser mesmo uma ética possível para a tradução, uma vez que a origem aparece riscada de seu lugar romântico de univocidade para dar lugar a potenciais de ancestralidade que não cessam de se pôr em devir no presente, demandando ação, sotaque que marque lugares num mundo inacabado.

eu — e/ou

No dia 23 de setembro de 2020, ao fim do curso acerca da "tradução-exu", deu-se início à empreitada de refazer, em múltiplos cruzamentos, as tempestades de Césaire e Shakespeare. Tratou-se de, em sua radicalidade, encarar *Une tempête*, de Aimé Césaire, ela mesma uma tradução-exu de *The Tempest*, de William Shakespeare, cotejando as reentrâncias, inclusões e supressões realizadas pelo primeiro. Dessa maneira, Capilé & Flores, por impulso, revisitaram as peças como transdução modelar; dito de outro modo, tomaram de cerco as peças escritas e as apresentaram como fatura radical do projeto proposto pelo curso-conceito dito mais acima, fazendo, eles mesmos, reentrâncias, inclusões e supressões, mas não apenas isso.[36]

Se Césaire tornou agudas as discussões contracoloniais, desde uma perspectiva das Índias Ocidentais, de certo modo tornou-as planas em seu drama, em certo contexto,

36. Trata-se do livro-irmão deste ensaio, *Uma A Outra Tempestade*, publicado também pela Relicário.

convertendo em prosa a peça de Shakespeare. Prosa, diga-se, quase que toda ela em um francês afrancesado de capital, quando se esperava toda sorte de um francês *créole*. As intromissões de Guilherme e André retomam as intercorrências do verso da *Tempestade* do inglês, contudo, sob manejo da variedade no uso das medidas da versificação encontrada em português e em outras modalidades culturais. Considerando que é uma tradição, de certo modo abandonada em terras brasileiras, a de realizar uma dramaturgia versificada, cujo maior expoente no século XX ainda é *Morte e vida severina*, de João Cabral de Melo Neto, a escolha por essa modalidade reconsidera as possibilidades prosódicas, as mais variadas, daquilo que o verso oferece.

Embora haja uma profusão de personagens na peça de Shakespeare, não é exagerado dizer que a maior parte dos jogos de cena são atravessados pelo protagonismo de quatro caracterizações com maior tempo em tela: Próspero, Caliban, Ariel e Miranda. Césaire mantém as personagens todas, mas com algumas inclusões. Então, vejamos:

1) A racialização explícita de Ariel e Caliban. O primeiro, apresentado como “etnicamente mulato”, e o segundo, como negro. Ambos escravos. As implicações são provocadoras, muito embora os aspectos sociais mais imediatos do termo racial alcunhando Ariel curto-circuite, já na porta, uma corrente de endereçamentos. Há toda uma dinâmica sociodiscursiva de embaraço com a terminologia. Remontando a seu lançamento de uso espanhol, *mulato* — designativo de mestiçagem animal desde o século XIV na Península Ibérica —, rapidamente, com o avanço das grandes navegações e a consequente utilização de mão de obra escravizada, torna-se,

também, designação dos corpos sequestrados. Há todo um turno sabido na rota de origens do termo, atribuído ao latim *mulus*. Contudo, se o desapassivamos, reorientado com uma entrada em quimbundo, por exemplo, cuja palavra *mulatu* também comparece com a acepção de "mestiço", conforme dicionário de Assis Junior... ainda, se tomamos do quicongo o radical *mú-ula*, que significa, figurativamente, "abençoar, dar felicidade, fortuna (que o pai dá)", aglutinado a *lu-uatu*, significando "espiga em crescimento, cacho [de milho, de palmeira etc.] ou a flor que cresce da palmeira", ressignificado, ele quase lembraria — inclusive semanticamente a partir de seu sentido figurado — o sobrenome etíope *Mulatu*. Nome pessoal masculino, de expressão amárica, que significa "saciado" ou "cheio" (semelhante ao hebraico *Maleh*, que significa, também, "cheio"), ou "satisfeito". É possível que tenha sido ativado como mera provocação, e que toda essa vertigem etimológica em deriva também o seja, mas e se Césaire estivesse agindo como os *rappers* estadunidenses quando começaram a usar a bendita palavra proibida com a letra "n"? O que é mais certo, e consabido, é que ambas as personagens encarnavam duas posições políticas bastante marcadas no momento em que a peça é escrita, tendo como referência as lutas raciais estadunidenses, nas figuras de Martin Luther King (Ariel) e Malcom X (Caliban);

2) A inclusão de Exu na peça. Conferir "Lonã", neste mesmo livro, dois passos atrás;

3) Para saber mais, leia *Uma A Outra Tempestade*. Projeto radical, como já apontado, realizado pelos autores André Capilé & Guilherme Gontijo Flores a partir de Shakespeare & Césaire. Peça que é, a um só tempo, tradução e não

tradução, invenção e apropriação, intervenção e suplemento, tradução-exu e autoria desbragada. Entre duas quartas-feiras, de setembro e de outubro de 2020, conforme anotado próximo ao colofão, e que são dias de devoção a Xangô e Iansã, deu-se o começo e término da composição consolidada dessa tempestade-exu, uma obra-assentamento no temporal, quase nos mesmos termos que Novaes (2013) relata, de como Exu teria até mesmo um assentamento submerso na Enseada de Água de Meninos, que foi descoberto em 2010 por André Lima, mergulhador profissional e identificado por Leandro Duran. Isso sem levar em consideração o equívoco de que os assentamentos não apenas registram ou indicam o orixá, mas são o orixá — nos mesmos termos, talvez, em que não apenas registram ou indicam uma autoria unívoca, mas são, onde deveria ser é. Nos levando a outro caso impressionante, o do assentamento de Bara no centro do Mercado Público Municipal de Porto Alegre, sem que nunca se tenha encontrado um vestígio inquestionável desse acontecimento antigo; nesse caso, o assentamento, mais do que factualidade do passado, é o reconhecimento presente performado a cada dia (cf. Silva, 2015, p. 144-147). Nos dois casos, é possível pensar que o translado de um politeísmo local para um novo mundo — do escravizado — forçou o indivíduo desterritorializado (ou "erraizado", entre errância e novo enraizamento, para traduzir o conceito de *enracinerrance*, do escritor haitiano Jean-Claude Charles) a universalizar seu afeto religioso e produzir espaços sagrados de modos variados. No limite, toda ruína nas Américas é um assentamento potencial, submerso ou soterrado, que se manifesta no ato de veneração — venham os raios.

Uma última observação, também afeita às Tempestades, coalha o presente livro que se tem em mãos: há toda uma proliferação de *eus* em sua composição. Indicativo, também, da errância e da volatilidade dos tempos em que foi sendo escrito, em dentro e fora simultâneos. A esta altura já se notou, para além do comportamento castiço da citação, um grupo de colagens, aqui e ali, também mais adiante, em que as vozes autorais dizem junto de, não como argumentação autoritária, mas informante. Também Guilherme Gontijo Flores, bem como André Capilé, eventualmente disseram com suas próprias experiências de *eu*, não tendo parecido conveniente apagar esses registros, a fim de uniformizar falas que, embora conjuminadas, não necessariamente se deram de modo apaziguado. Obra, fruto de conversa interminável, permanece como pensada em suas confusões de registro, bem como aciona enigmas dialógicos nos quais, eventualmente, um autor autora o outro como intervenção.

Caçulancião

Claude Lépine comenta como o princípio de senioridade "que regula a hierarquia das classes dos irmãos por idade, tanto na família *yorùbá* como na família de santo (...) ordena o panteão e os subpanteões que constituem o mundo dos deuses, dos mais velhos aos mais novos" (1982, p. 16), de modo que Exu ficaria no último lugar. Seria então necessário saudar os orixás em respeito. No entanto, o mito narrado por Elbein dos Santos (2012, p. 193-205) e Prandi (2001, p. 42-44) inverte a posição hierárquica da senioridade, de modo que o caçula se torna decano e passa a receber, num lugar de destaque, as primeiras oferendas, ao mesmo tempo que é sobretudo mensageiro. Luiz Rufino (2019, p. 23) nos lembra um verso de oriqui que nos conta que, em sua antilógica, Exu teria nascido antes da própria mãe. Assim é que ele é símbolo da primogênese de tudo: a ele se consagra o primeiro dia da semana, a primeira oferenda do culto, a primeira cerimônia (o padê, que significa "reunião" em iorubá) e o primeiro canto, pois ele é o primeiro rei de Queto e o primogênito do mundo. Mas curiosamente, como já disse, Exu não é necessariamente um orixá por isso, como lembra Lépine: "o único que recebe efetivamente a cachaça é *Ẹ̀ṣù*. No decorrer da *pàdé*, a cachaça é oferecida a *Ẹ̀ṣù* e aos antepassados masculinos, mas não propriamente aos *òrìṣà*. A cachaça é especialmente proibida a *Òṣàlá*" (1982, p. 37). As contradições se acumulam nessa figura de caos que mente para afirmar a verdade e engana para melhor revelar. Além das marcas que já apresentei até aqui, há ainda mais feitos que aparecem em seus oriquis, segundo Verger (2018, p. 84):

> Aborrecido, ele senta-se na pele de uma formiga.
> Sentado, sua cabeça bate no teto; de pé, não atinge nem mesmo a altura do fogareiro.

Exu é também a divindade com mais atributos, segundo Lépine, com 21 qualidades, ao passo que os outros orixás com maior número de atributos teriam apenas 16 (1982, p. 44). Além disso, é a única figura que pertence simultaneamente à esquerda e à direita (Ogum aparece em algumas, segundo certos informantes do próprio Lépine, p. 48); pode ser bélico e fertilizante a um só tempo; sexualmente, ele assume os dois polos, seja por sua bissexualidade aparente, seja pela configuração feminina que se dá em Bambogira, ou Pombagira (Lody, 2006, p. 116). Isso para nem falarmos de fusões, como é o caso de Ogum Xoroquê, que une as figuras de Ogum e Exu (2006, p. 113), dado que já aparece na partilha da faca ritual. Exu é um eixo antiaristotélico, pois pode ter dois ou mais atributos contraditórios segundo o mesmo ponto de vista. Edimilson de Almeida Pereira faz um processo singular de perceber a potência teórica e conceitual de Exu:

> [A] rapsódia da dicção de Exu se contrapõe ao cartesianismo gramatical da língua portuguesa oficial.
>
> O caráter polifônico e contraditório, unitário e fragmentado da dicção de Exu não é, contudo, similar a tais processos encontrados na estrutura do Barroco: enquanto neste, como estilo consagrado, as tensões são racionalmente reconfiguradas em processos de síntese, na dicção de Exu o desenvolvimento das várias possibilidades do sujeito através da linguagem — mais do que a busca da síntese, mesmo que temporária e minada por um possível viés de *nonsense* — é explicitada como sua função no universo simbólico das divindades e na *práxis* social dos indivíduos. Por ser o processo em si, a dicção de Exu (...) nos fascina (porque nos oferece na realidade dada a destruição dessa mesma realidade e a sua reconstrução, simultaneamente: essa dicção é para arruinar a concretude que nos conforta e, sem promessa, nos impelir à reconstrução de realidades sempre outras) e nos perturba (porque evidencia que nossas mais sólidas garantias estão à mercê de nossas próprias dúvidas e desejos ou, ainda, que somos nós, sujeitos desamparados na história, os articuladores da História). (2017d, p. 65)

O resultado é uma proposição crítica complexa que precisa rejeitar o modelo iluminista de pensamento, bem como a tradição lógica. É uma aventura política de sujeitos interagindo historicamente a partir de uma quebra no paradigma da linguagem. Longe de uma aspiração de harmonia de contrastes barroca, estamos mais perto de um "caos-mundo" tal como pensado por Édouard Glissant (2005, p. 37). Pereira vai ainda mais longe na proposta:

> O mergulho nas provocações simbólicas propostas pela mitopoética de Exu nos remete: a) à crítica do sujeito iluminista, na medida em que nos estimula a confrontar a sua configuração como modelo de racionalidade centrada em experiências de mundo eurocêntricas e/ou ocidentais; b) à percepção do mundo e do sujeito como formas plurais que interagem — através de processos de negociação e conflito — em contextos históricos e sociais dinâmicos; c) e à reapropriação, por parte de sujeitos afrodescendentes ou não, dos saberes culturais afrodiaspóricos tecidos durante a travessia do Atlântico Negro. (2017d, p. 69)

Assim chegamos a um ponto fundamental para o que aqui proponho: Exu, traduzido numa espécie de conceito, não pode ser contido numa ideia essencializante de negritude, nem pode ser retido na figuração de um fenótipo, por mais que tenha suas origens nos cultos africanos. Entendo Exu, portanto, como organização relacional da contradição, movência do paradoxo como gesto e assunção do corpo como jogo. Pereira pensa em termos de produção poética e estética:

> Sendo assim, o amor/o ódio, a miséria/a opulência, a paz/a guerra, enfim, o que somos, o que possuímos e o que classificamos como pares opositivos — podem ser apreendidos, segundo a epistemologia afrodiaspórica/via Exu, como aspectos concluídos em sua inconclusão. Por isso, o sujeito e o campo estético que se beneficiam desse logos em fresta se tornam referências de uma visão de mundo e de uma proposta de criação artística que fazem da condição *in progress* a condição fundante dos seus significados. (2017d, p. 110)

Mas é claro que ela tem em si o germe fértil de uma ética e de uma política. Exu brinca muito a sério.

Cariá

Diante do caráter de adaptação, em outra entrada de língua que não o iorubá, ao tratar aqui as *mambu* do candomblé Angola-Congo, temos o seguinte exemplo, que pode operar por misturas no tronco banto, entre quimbundo e quicongo, com rastros de chócue, umbundo e ovimbundo, e que, de certa maneira, orienta um plano de fixação e tradução das cantigas. Numa versão o canto é algo assim:

tambula zekuzeku
oia zekuria

O texto parece estar repleto de elisões, mas podemos decodificá-lo mais ou menos assim: *tambula* (*tumbula*) funciona como "receba", ou "tome", sua tradução literal; *kuzeka* designa "dormir", o que daria *zeku* repetido ao modo de cochiladas; já *kuria* está na mesma raiz de *kudia*, que indica "comer" e, por vezes, "bebida" (alcoólica). Esses versos se repetem ao se cantar para levar o mavile (que é o equivalente do padê) ao guardião, pra que assim ele se mantenha acordado vigiando a porta, daí a sua relação com o sono. Uma possibilidade derivada, ainda, pode ser orientada pela intromissão do quicongo, com o termo *zéke-zeke*, cuja acepção remete ao gosto picante, doce ou salgado, para agrado do comensal. Como já dito, a presença de *kudia* pode cumprir sentido, uma vez que a cerimônia do *mavile*, bem como a do *padê*, apresenta a oferta de sua comida votiva para que tudo corra bem na liturgia. A versão traduzida mais adiante é ainda diversa, mas vale lembrar também outra versão corrente no candomblé de Angola no Brasil que já soa como se fosse puro português:

> toma lá zé com zé
> olha zé curiá

Donde, a partir de conversas entre mim e André, entre mim e Guilherme, ao discutirmos as duas variantes, disse um de nós: "se soube a vida toda que 'curiá' deriva em corruptela de *kudia* [comer], era 'beber'; e, se tem Exu, tem cachaça". Desse modo, o canto se metamorfoseia operando uma espécie de homofonia que preserva seus sentidos rituais, em parte porque "curiá" é termo usado até fora dos terreiros brasileiros, em parte porque *tambula/tumbula* aceita a troca por "toma lá", em boa tradução, assim como *oia*, que opera como interjeição no original e, significando como *aia*, "aqui está", se desloca para "olha" ou mesmo "óia".

Guilherme & eu, eu & André, demos, em 2020, ano I do horror, um curso na Teoria da Tradução da UFPR chamado Tradução-Exu, todo ele ainda disponível no YouTube. O conceito, ou dispositivo tradutório, já vinha sendo tratado há algum tempo, como anuncia o primeiro episódio deste ensaio. O curso, então, serviu para maiores alinhamentos de algumas outras questões e para uma reflexão mais demorada sobre o tema. Além de produzir um conceito de traduzibilidade, ficou ensaiado o que veio a se chamar "recantamento", ou, dito de outro modo, uma aposta em traduções rítmico-semânticas de alguns oriquis e itãs. O *corpus* da prática nagô é enorme, tanto em inglês quanto em francês, e também em português. Por outro lado, as dinâmicas das *mambu* (ou *muimbu*) não são encontradas com tanta facilidade.

Há, de imediato, um problema de fixação dos cantos. Não bastasse o sequestro e travessia do Atlântico, a consolidação das práticas bantas — o candomblé Angola-Congo em suas variadas raízes — encontra pequenos turnos de diferença. O Tombenci encontra pequenas diferenças com o Bate-Folha, da Mata Escura, que encontra pequenas diferenças com o Kupapa Unsaba, de Anchieta, no Rio de Janeiro, que encontra pequenas diferenças com a Gomeia, que encontra pequenas diferenças com a Tumba Junsara, que encontra pequenas diferenças com o M'Paketan, e por aí vai o carretel das *diferensas*. Há, por óbvio, inúmeros pontos de contato e semelhança, sendo identificados, de imediato, os cantos rituais; mas como ponto é ponto e pingo é pingo, há muitos "is" em cena.

Outra nuance que estabelece distorções é a variedade de línguas intrusas e milongadas. Ora canta-se em quimbundo, ora canta-se em quicongo, ora há variantes interferentes do chócue e outras demais línguas do mesmo tronco. Há semelhanças estruturais entre esses idiomas, principalmente o sistema de uso das dinâmicas prefixais. Mas não são as mesmas, nunca. Um exemplo que gosto é o termo "maza", quando, em cerimoniais fúnebres — que os nagôs chamam *axêxê*, os fons chamam *sirrum*, os bantos chamam *ntambi* e/ou *mukondo* —, o termo comparece em várias *mambu*. Muito embora a vida seja passada como um rio, ou encontre mar, canta-se, na verdade, a "lembrança", dado que "maza" em quicongo é "água", mas em quimbundo é algo como "ontem".

Há, por óbvio, a dificuldade de classificação e tradução de certa poesia oral,[37] dado residir na multiplicidade das poéticas vocais — sempre no plural, já que determinados discursos estão submetidos a modos muito particulares de enunciação vocal, performática e corporal. As comunidades afrodiaspóricas, particularmente no Brasil, para usarmos um exemplo, encontram uma diversidade enorme de práticas poéticas conformadas às oralidades, em suas dinâmicas de festa e rito. Estruturas variantes da posição das vozes são conduzidas performativamente em associação com instrumentos percussivos, especificamente em manifestações (ainda hoje chamadas folclóricas) como os congados, mas também em funções litúrgico-religiosas como os candomblés.

Partindo de uma postulação de Edimilson de Almeida Pereira em *A saliva da fala*, há portanto uma forte tensão entre aquilo que se denomina literatura silenciosa, nos liames das práticas orais dos cantos de preceito, e a instalação das anotações das oralidades quando em regime cursivo do texto. A formulação da literatura silenciosa deve ser compreendida como instância de silenciamento das vozes que, por impostura diante das fixações normativas da convenção, não se deram por caber, sendo constituídas desde dentro dos seus campos de enunciação. Ainda que pareça

37. Boa parte do que vem sendo argumentado foi publicado, em parceria com Sergio Maciel Junior, no artigo "Do som ao traço: o aspecto musical como processo de composição do poema" (*Revista FronteiraZ*, São Paulo, n. 27, dez. 2021).

contraditória a permanência de tradições e do recurso de transmissão oral, só mais recentemente os fluxos de suas estâncias têm sido colocados em jogo por via de sua função brincante e performativa em suas zonas preceituais.

Desse modo, acaba sendo proposto um alargamento de medidas do conceito mesmo de literatura — e, em seu bojo, de tradução — a partir de sua reiteração, algo escolar, que tranca suas definições a partir de textualidades gravadas como código escrito, mesmo quando partidas das oralidades. Aqui, como se propõe, pode-se dizer, não sem ironia, que a voz instala um grifo, porque investe criticamente contra o reducionismo que leva a crer que haja certa uniformidade diante das produções sustentadas pela oralidade.

Tomar partido da revelação de uma refinada elaboração da linguagem, com seus arranjos acústico-sonoros estabelecidos como perfilamento criativo de uma práxis comunitária de determinados indivíduos, bem como investigar suas variantes na colocação da voz-sob-instrumento, conjuminada a certa importância atribuída à letra e à melodia, nos orienta à "saliva da fala" daquilo que Pereira (2017a) vai denominar "cantopoemas". Os cantopoemas são elementos discursivos que os devotos elaboram em determinado período dotados da especificidade celebratória, seja preceito de rito ou festejo público, e que, mediante a aceitação dos agrupamentos, permeia também as suas vivências cotidianas.

As articulações da ideia de cantopoema trazem em si o que, sob a égide euro-ocidental, está consolidado, em certa medida, dentro da convenção poética que alia canto e palavra. Todavia, é necessário, tanto lá como aqui, investir algum esforço sobre certos resíduos, perseguir, com alguma reserva crítica, os rastros do ritmo desses cantos a partir de algumas notações dos elementos que são entendidos e chamados, e não nos cabe neste momento definir de modo mais preciso o que se convencionou atribuir o nome de canto ancestral. Muito embora, a partir das experiências de terreiro, possam ser percebidos os entrançamentos da manutenção da sacralidade transmutada em alguma ordinariedade, estabelecendo pequenos jogos de transposição sinuosa dos contrapontos entre a textualidade preceitual da oralidade e a dinamização das vozes em performance. Os sujeitos da diáspora, de muitas maneiras, precisaram recriar-se em territórios estrangeiros, como é o caso do candomblé, imprimindo, em toda a sua diversidade, notações que permutam, ainda hoje, permanência e apagamento.

Se, por um lado, os modos constitutivos de suas vivências se dão por transmissão direta, nas vias de seus cantos e danças e toques, por outro, por haver consecutiva perseguição de suas práticas, instala-se a necessidade de esconder origens, criando uma espécie de negaceio dos sentidos mais diretos das suas falas, estabelecendo certo apagamento incompleto; donde determinados construtos culturais, eventualmente matizados pelos saberes africanos, tornam manifestos os engenhos de sobrevivência por meio de seus vestígios. Como exemplo, assumamos a brincadeira de roda, a nós muito comum, que carrega alguns desses elementos. Segue o canto tal como ele é corrente:

> Escravos de jó
> Jogavam caxangá
> Tira, mexe, deixa
> O jambelê ficar
> Guerreiros com guerreiros
> Fazem ziguezigueзá

A brincadeira consiste em haver um grupo, em formato de roda, com uma espécie de casca de coco passada de um para outro em sentido anti-horário, batendo com a casca no chão, marcando ritmicamente o canto, numa espécie de tira-e-põe, mostra-e-esconde, enquanto segue a cantiga. O estabelecimento do jogo brinca com o ordenamento do mundo do cativo, muito embora esteja mais ou menos perdido esse aspecto, que é o da relação do escravo da casa — grande — com o elemento da fuga. Conforme estabelecido por Yeda Pessoa de Castro (2016), o termo "jó" é variante, por corruptela, da palavra *nzo*, cuja alteração regional do quimbundo pode ser lida como *injo*, significando "casa, moradia"; "caxangá", por sua vez, tem origem em um jogo de tabuleiro, conhecido, em Angola, como *kihela*; e, finalmente, "jambelê", que significa "o escravizado de um tutor", possivelmente variado de *dia mbêle*.

O que interessa aqui, afinal, está em: a) sua estrutura no espaço de jogo se dá em roda e gira em sentido anti-horário, a mesma dinâmica das rodas de culto no candomblé, cuja orientação do giro emula o movimento do planeta, de leste para oeste, e implica a continuidade dos ciclos; b) os termos, oriundos do quimbundo, funcionam como negaceio, turvação dos sentidos, confundindo-se em sua enunciação oral (*jó* por *injo*), estabelecendo relações entre o cativo da casa e a figura do senhor; c) o estabelecimento dessa relação não se dá de modo tão pacificado quanto a estrutura brincante postula, dado que há uma ordenação das ações: "tira, mexe, deixa/ o jambelê ficar"; d) avançando na figura do guerreiro, finalmente o estado de fuga em "ziguezigueza".

O planejamento narrativo conta uma vivência que, ao menos com a revelação dos termos, não se dá na zona da pacificação, mas orienta, pela performance, um outro comportamento, no caso, uma espécie de pedagogia da reação. Instrumentaliza e realiza, por todos os vieses, a matéria na língua, como canto e brincadeira, uma prática vivencial.

Nesse aspecto, é incontornável o trabalho de Johan Huizinga, *Homo ludens: o jogo como elemento da cultura* (2012), que possui o mérito de contribuir antropologicamente com o lúdico, caminhando para um tratado filosófico sobre o tema e sua relação com a cultura. Segundo o autor, o aspecto do lúdico tornou-se mais evidente graças aos sofistas gregos, sobretudo graças à ἐπίδειξις (*epídeixis*), o exibicionismo discursivo que marcava a prática retórica desses filósofos. Esse exibicionismo certamente poderia conduzir a uma espécie de enigma filosófico, que também pode residir nos diálogos — como os de Platão — e até mesmo nas brincadeiras, como já mencionado. Em relação a esses enigmas lúdicos, Huizinga afirma:

> é uma coisa sagrada cheia de um poder secreto e, portanto, é uma coisa perigosa. Em seu contexto mitológico ou ritualístico, ele é quase sempre aquilo que os filólogos alemães chamam de (...) "enigma capital", em que se arrisca a cabeça caso não se consiga decifrá-lo. A vida do jogador está em jogo. Um corolário disto constitui a formação de um enigma que ninguém consiga resolver como sendo considerada a mais alta manifestação de sabedoria. (...) O principal, o que é realmente notável, é o tema lúdico enquanto tal. (2012, p. 123)

De muitas maneiras, portanto — embora com exemplo propositalmente ao rés do chão —, por meio desses cantares e modos de contar, as comunidades diaspóricas experimentam e mantêm a interação entre vivos e mortos, com a constante manutenção das inserções oralizantes dos aprendizados, ou, dito de outra forma, a constante integração do natural com o sobrenatural, estabelecendo socialmente enviesamentos de suas complementaridades existenciais. Performação social que sobrecarrega as relações do eu, individual, do nós, instaurando um sujeito coletivo, sujeito da coletividade, sujeito à coletividade.

Faca no fio

E se Brasil é uma catástrofe que aconteceu a essa terra — sentença que tomo de assalto de Juliana Fausto *et caterva*, quando em uma conversa de muitos fios —, também uma ideia conjuntural do que seja Caribe ou Antilhas pode ser lida de modo simétrico à primeira afirmativa. Não quer dizer, contudo, que não seja possível, apesar das muitas pestes, operar confluências, transfluências entre os espaços em suas injunções artísticas e culturais, bem como na força do pensamento interessado, principalmente, mas não só, dentro de certo circuito dos planos contracoloniais, das discussões acerca das diásporas e das racialidades. Bem certo que o uso dinâmico desses e outros conceitos seja, eventualmente, problemático, mas não é só de chacrinha que são feitos os dispositivos de ação. Há tempos que o uso folclórico da captura radiofônica mais ao norte do país, apelidada de ondas tropicais, vem alimentando toda uma circulação musical e aparelhando as novidades cá mais ao sul das Américas (América, outra catástrofe).

A novidade veio dar à praia
Na qualidade rara de sereia
Metade, o busto de uma deusa maia
Metade, um grande rabo de baleia

A novidade era o máximo
Do paradoxo estendido na areia
Alguns a desejar seus beijos de deusa
Outros a desejar seu rabo pra ceia

Ó, mundo tão desigual
Tudo é tão desigual

Ó, de um lado este carnaval
Do outro a fome total

E a novidade que seria um sonho
O milagre risonho da sereia
Virava um pesadelo tão medonho
Ali naquela praia, ali na areia

A novidade era a guerra
Entre o feliz poeta e o esfomeado
Estraçalhando uma sereia bonita
Despedaçando o sonho pra cada lado

Ó, mundo tão desigual
Tudo é tão desigual

Ó, de um lado esse carnaval
Do outro a fome total
(Letra de Gilberto Gil e música dos Paralamas do Sucesso)

Não saberia, mesmo, dizer se acontece de modo similar, com força equivalente, entre as artes verbais. No campo da poesia, também do romance, nossos repertórios não me parecem tão bem resolvidos — salvo iniciativas universitárias, no campo das ideias, que alimentam as teorias decoloniais, também enfileiradas nas múltiplas entradas do pensamento racial e diaspórico, e do pensamento ameríndio, com latência mais abrangente, expandindo o pensamento transcontinental. Tomando como exemplo a circulação da poesia anglófona, realizada naquilo que se convencionou chamar Caribe, temos, resguardada minha ignorância, a presença de um Walcott traduzido por aqui (por Paulo Vizioli e também na revista *escamandro*, por Alberto Pucheu), cuja recepção, assim me parece, foi mais morna que deveria, se comparada ao incensamento da poesia preta estadunidense. E não ousaria dizer que houve muito mais. Na região francófona, temos, exemplarmente, Césaire (Aimé e Suzanne) e algo e outra coisa de Chamoiseau e coisa ou outra de Glissant, bem como a revisitada obra de Fanon; todavia não comparecem, tais autores, necessariamente na área de invenção (romance, poesia etc.), mas muito em sua poderosa obra de ideia. Entre alguns eventos recentes, veio a público *ESTILHAÇOS — Antologia de poesia haitiana contemporânea* (2020), traduzida e organizada por Henrique Provinzano Amaral. As vozes hispano-hablantes, por sua vez, têm encontrado melhor sorte, maior lastro, muito embora ainda seja terreno a ser explorado e, mais uma vez, o campo universitário conduza as ações mais prolíficas, como, pra ficar em um só exemplo imediato, o trabalho de Lucía González e Luciana di Leone no Núcleo Poesia (Laboratório da Palavra/PACC/UFRJ).

O raio de influências entre os poetas no Brasil ainda precisaria de maior vasculhamento, embora se sinta a presença forte de Kamau Brathwaite, entre outras vozes, em *HOMELESS* (2010), de Edimilson de Almeida Pereira — principalmente nas intervenções visuais e de disposições violentamente espatifadas na mancha gráfica —, também a sombra de Césaire em seu *Caderno de Retorno* (2017): Leo Gonçalves, com o seu livro *Use o assento para flutuar* (2012) — ele mesmo tradutor de Césaire e de Senghor (que não é caribenho, mas cabe a citação pelos influxos e diálogos) —, além de outros, a mim me parecem dialogar frontalmente com essas linhas de força. Algo do projeto de Eliane Marques, poeta forte em nosso cenário, em que pressinto alusões ao comportamento lírico-político de certa poesia nas Antilhas em *E se alguém o pano* (2015), bem como de Nina Rizzi — lembro especialmente de, em *Quando vieres ver um banzo cor de fogo* (2017), a conversa se dar tanto com os cenários hispânicos quanto anglófonos do Caribe —, considerando ainda seu trabalho de tradutora, junto das vivências de trânsito e de gênero e de raça dentro do Brasil.

Se perseguimos a presença de Exu derivando epistemologias, e aqui como dispositivo tradutório, há, decerto, uma variada entrada dessa divindade nos turnos das poéticas no Brasil e, também, fora dele. Kamau Brathwaite, aqui mais uma vez, tem lá seu *Elegguas* (2010); também Christian Campbell e seu "Legba" (In: Miller, 2007), transitado entre Bahamas e Trinidad e Tobago. Aqui e ali, também acolá, em múltiplos ventos, há Audre Lorde, para que ninguém diga que não olhei mais acima. E por aí vai. Embora invista nesses pequenos acenos, o plano de agora não é arrolar antologia interminável com *o boca que tudo engole*.

Há sendo feito, cá no país, nessa gruta de temas infernos, uma série de trabalhos, dos quais insisto na sugestão da obra pioneira das antropólogas — que também abriram picadas — Juana Elbein dos Santos, Monique Augras, Ruth Landes. Também os contos de Cidinha da Silva, em *Um Exu em Nova York* (2018), o "poema-ebó" de Lívia Natália, as discussões amplíssimas de Stephanie Borges — ela mesmo poeta e tradutora — no *podcast Benzina*, com seu parceiro de ações Orlando Calheiros, e por aí a via vai, interminável, com seus múltiplos cruzamentos. Se as coisas estão aí no mundo, com suas diversas encruzilhadas, então atravesse naquilo que se propõe aqui — com folha de fortuna, hortelã-pimenta e palma-miúda, padê de mel, padê de cachaça, padê de dendê — mais uma gaveta no já bem fornido repertório de assuntos em se tratando de Exu.

Contudo, em um breve exercício de imaginação: e se houvesse diferentes entradas ainda, a partir desse enfeixamento que atribuímos a Exu, em transvariâncias outras? Dizer melhor: uma tradução-aziri, implicada no uso de seus espelhos infensos; ou uma tradução-ogum, imbricada pela maquinação tecnológica da forja das línguas; ou uma tradução-quingongo, infestada pela transformação do milho em flor; ou uma tradução-catendê, manipulada pela arte dos fármacos e folhas ao vento. Poderia, ainda, multiplicar as variantes, mas penso, primordialmente, que a permanência no Brasil de orixás, voduns e inquices como culto, após o sequestro dos corpos escravizados a bordo do casco da tartaruga, se deu a partir de um investimento existencial como máquina de guerra, servindo como manutenção de sobrevivências — tanto das divindades quanto dos sujeitos implicados na conquista da liberdade. A maternalidade das divindades femininas e das águas era máquina de guerra; a compreensão fina das plantas medicinais e sua capacidade de adaptação diante de vegetação diversa era máquina de guerra; a disposição em fazer nascer, também em impedir nascimentos, era máquina de guerra; a negociação continua sendo a nossa máquina de guerra, e o campo tradutório é, com efeito, o que nos tem dado, a todos, a instrumentalidade para realizá-la, seja na manutenção dos ritos e na mobilidade das tradições, seja na instância distributiva das línguas de terreiro — como se tem visto ao longo desta tradução-exu, ensaio de caminhos, fenda de búzios alafiados, faca no fio de muitas vozes. E não seria tudo isto, afinal, um grande bailo de uma tradução-sambacalunga do porvir em travessia?

Contradução

A ideia: uma tradução mais difícil do que o texto original. Menos tradução de um poema do que um poema traduzido.

A operação tradutora tende a esclarecer o texto de partida. Aqui se desesclarece. Invertem-se os sinais. O original é que passa a esclarecer a tradução, o início explica o fim. Um pingue-pongue que só pode beneficiar o início, o texto de partida, quando ele o merece. E ela, a tradução.

Porém: trata-se de tradução literal. Em outros registros, ondas e bandas. Manter o enigma-interesse do original, que sofre uma refração, não apenas linguística. Uma arrelia vertical na história da tradução tradutória. Na linha de Sousândrade e Odorico Mendes, de quem se disse que o seu Homero era mais difícil do que Homero, assim como se disse que um de seus modelos, Vincenzo Monti, era um tradutor de tradutores.

Para compreender tal tradução é preciso consultar o original, enquanto dicionário linguístico e poético ideológico. Ou deslindar a versão mesmerizante, imaginando um original.

Algumas dessas e outras ideias já impregnavam as minhas traduções de Heine ("Der Atlas") e Marina Tsvetáieva: sons proliferados em simultaneidade, pouco caso para com rimas de finais de versos. Desadjetivação. Compostos aglutinantes rascantes. Impossível passar passeando pela tradução. Uma tradução originalterada.

(Pignatari, 2007, p. 238)

Enganador enganado

Há uma maneira hábil de obter um favor de Exu.
É preparar-lhe um golpe mais astuto
do que aqueles que ele mesmo prepara.
(Verger, *Lendas africanas dos orixás*)

Exu engana a todos, até mesmo a Oxalá, maior dos orixás (Prandi, 2001, p. 449-450); porém, mesmo sendo o *trickster* por excelência, o maior dos enganadores, ele pode ser enganado. Por vezes, pelo acaso, como quando esbanja todo o dinheiro de Orunmilá comprando uma escrava velha que morre no dia seguinte; porque logo se descobre que ela era mãe de dois, e seus filhos vêm pagar muito caro pelo corpo da mãe, fazendo assim com que Orunmilá não seja arruinado por Exu (2001, p. 462-463). Porém também pode ser enganado pelos outros. Num itã, ouvimos que Orunmilá queria ordenar o mundo inteiro em formação e, seguindo uma ideia de Exu, decidiu fazer uma pergunta a cada ser para decidir seu destino a partir da resposta. Exu imediatamente planejava como confundir Orunmilá justo no momento em que este, atento, perguntava ao homem se ele queria viver dentro ou fora. O homem respondeu dentro, e Orunmilá decidiu que a humanidade viveria em casas cobertas; logo depois, ele perguntou a Exu "dentro ou fora?", e Exu, desatento a tramar confusão, respondeu "fora!", mas logo depois se corrigiu para “dentro!”. Orunmilá, vendo o desejo de confusão, decretou que Exu viveria apenas fora das casas, na estrada e no campo. Essa é uma cena de origem narrada por Courlander (1973, p. 29-31) e Prandi (2001, p. 66-67) para a prática de manter imagens de Exu do lado de fora das casas, mas é também uma cena do enganador enganado. Xangô também consegue enganar três vezes Exu para seduzir Oxum, a contragosto do futuro sogro Orunmilá; embora Exu também engane Xangô para proteger Oiá (2001, p. 273-274 e 304). Noutro itã, Oxum consegue de volta as roupas que Exu havia roubado de Obatalá, oferecendo seu sexo; assim enganou Exu e conseguiu aprender as artes do ifá (2001, p. 337-339). Em certo sentido, como observa Vagner Gonçalves da Silva, na medida mesma em que precisa conter sua devoração sem fim e mediar os sacrifícios que os humanos prestam ao mundo divino,

> Exu se torna “o sacrifício do sacrifício”, isto é, a parte do sacrifício que é “sacrificada” para que os envolvidos, homens e deuses, nunca se esqueçam de que todo dom pressupõe um contradom, que tudo que é ofertado e recebido deve ser retribuído. (2015, p. 135)

A tradução, pergunto-me, pode ser um modo-exu de enganar e ser enganado?

Mavile

Padê de Exu Libertador

Ó Exu
ao bruxoleio das velas
vejo-te comer a própria mãe
vertendo o sangue negro
que a teu sangue branco
                    enegrece
ao sangue vermelho
                    aquece
nas veias humanas
no corrimento menstrual
à encruzilhada dos
teus três sangues
deposito este ebó
preparado para ti

Tu me ofereces?
não recuso provar do teu mel

cheirando meia-noite de
marafo forte
sangue branco espumante
das delgadas palmeiras
bebo em teu alguidar de prata
onde ainda frescos boiam
o sêmen a saliva a seiva
sobre o negro sangue que circula
no âmago do ferro
e explode em ilu azul

Ó Exu-Iangui
príncipe do universo e
último a nascer
receba estas aves e
os bichos de patas que
trouxe para satisfazer
tua voracidade ritual
fume destes charutos
vindos da africana Bahia
esta flauta de Pixinguinha
é para que possas chorar
chorinhos aos nossos ancestrais
espero que estas oferendas
agradem teu coração e
alegrem teu paladar
um coração alegre é
um estômago satisfeito e
no contentamento de ambos
está a melhor predisposição
para o cumprimento das
leis da retribuição

asseguradoras da
harmonia cósmica

Invocando estas leis
imploro-te Exu
plantares na minha boca
o teu axé verbal
restituindo-me a língua
que era minha
e ma roubaram
sopre Exu teu hálito
no fundo da minha garganta
lá onde brota o
botão da voz para
que o botão desabroche
se abrindo na flor do
meu falar antigo
por tua força devolvido
monta-me no axé das palavras
prenhas do teu fundamento dinâmico
e cavalgarei o infinito
sobrenatural do orum
percorrerei as distâncias
do nosso aiyê feito de
terra incerta e perigosa

Fecha o meu corpo aos perigos
transporta-me nas asas da
tua mobilidade expansiva
cresça-me à tua linhagem
de ironia preventiva
à minha indomável paixão

amadureça-me à tua
desabusada linguagem
escandalizemos os puritanos
desmascaremos os hipócritas
filhos da puta
assim à catarse das
impurezas culturais
exorcizaremos a domesticação
do gesto e outras
impostas a nosso povo negro

Teu punho sou
Exu-Pelintra
quando desdenhando a polícia
defendes os indefesos
vítimas dos crimes do
esquadrão da morte
punhal traiçoeiro da
mão branca
somos assassinados
porque nos julgam órfãos
desrespeitam nossa humanidade
ignorando que somos
os homens negros
as mulheres negras
orgulhosos filhos e filhas do
Senhor do Orum
Olorum
Pai nosso e teu
Exu
de quem és o fruto alado
da comunicação e da mensagem

Ó Exu
uno e onipresente
em todos nós
na tua carne retalhada
espalhada por este mundo e o outro
faça chegar ao Pai a
notícia da nossa devoção
o retrato de nossas mãos calosas
vazias da justa retribuição
transbordantes de lágrimas
diga ao Pai que nunca
no trabalho descansamos
esse contínuo fazer
de proibido lazer
encheu o cofre dos exploradores
à mais valia do nosso suor
recebemos nossa
menos valia humana
na sociedade deles
nossos estômagos roncam de
fome e revolta nas cozinhas alheias
nas prisões
nos prostíbulos
exiba ao Pai
nossos corações
feridos de angústia
nossas costas chicoteadas
ontem
no pelourinho da escravidão
hoje
no pelourinho da discriminação

Exu
tu que és o senhor dos
caminhos da libertação do teu povo
sabes daqueles que empunharam
teus ferros em brasa
contra a injustiça e a opressão
Zumbi Luiza Mahin Luiz Gama
Cosme Isidoro João Cândido
sabes que em cada coração de negro
há um quilombo pulsando
em cada barraco
outro palmares crepita
os fogos de Xangô iluminando nossa luta
atual e passada

Ofereço-te Exu
o ebó das minhas palavras
neste padê que te consagra
não eu
porém os meus e teus
irmãos e irmãs em
Olorum
nosso Pai
que está
no Orum

Laroiê!

Búfalo, 2 de fevereiro de 1981
Abdias Nascimento
(1983, p. 31-36)

Recantamentos

Agora, se eu fosse dizer quem é Exu: Exu sou eu! com 78 anos. Nasci em 1931, em uma encruzilhada, ao meio dia de uma terça-feira. Na fome, porque minha mãe foi pescar no rio, porque não tinha o que comer, e ali dentro a bolsa de água quebrou e aí eu comecei a nascer. Ela saiu prendendo as pernas. Fez uma revolução no lugar! E todo mundo: Do Carmo está parindo, o que é isso? E uma senhora africana veio correndo com vários trapos para me aparar. Já nasci. Então, eu, eu sou Exu! (...) É o que mais me emociona na minha vida: falar de Exu. Exu é meu riso, é minha lágrima, é minha insônia. É tudo o que eu trabalhei. É tudo o que eu adquiri. As amizades que tenho. Tudo.

(Mãe Beata de Iemanjá, no documentário *Boca do mundo)*

Apesar de desconhecer as línguas africanas em jogo, me arrisquei a retraduzir algumas cantigas que apresentavam tradução mais semântica ao português, como um experimento de corpo e ouvido. Sempre que possível, busquei gravações de cada canto, para perceber seus tambores vivos e suas entonações rítmicas.[38] São traduções poéticas proporcionalmente comportadas, portanto distantes do que busquei pensar como tradução-exu; ainda assim é impossível não reconhecer a dívida que trago com as obras seminais de Antônio Risério — *Textos e tribos* (1993) e *Oriki Orixá* (1996) — para pensar o processo tradutório de poéticas extraocidentais sem relegá-lo exclusivamente ao interesse

38. "Os tambores são personagens importantes na vida do candomblé. São considerados como seres vivos. São iniciados e, periodicamente, recebem alimentos para reforçar o seu *axé*. Cada um deles é filho de um orixá, como os fiéis" (Augras, 2008, p. 72). Há uma entrevista de Jaime Sodré que é uma pérola sobre a força dos tambores (cf. Alfredo, 2013).

antropológico e social. Apesar de hoje ter enveredado por descaminhos que por vezes prenunciam o desvario encarniçado em seus embates políticos e estéticos, à época Risério fez a força da poesia dos oriquis aparecer, diante de um público mais amplo, como "uma poética capaz de alimentar de algum modo a produção contemporânea" (1996, p. 19), longe de ser uma relíquia retirada de um escombro já perdido. É o que vemos nos dois oriquis de Exu por ele traduzidos:[39]

Oriki de Exu 1

Se Exu entra numa terra
Ele já entra em pé de guerra.
A chuva que gela um egum
Não se atreve a cruzar o fogo.
Molha o fantasma encharcado.

Exu vai com a peneira
Comprar azeite no mercado.
Exu que empurra sem dó
Gente que se bate com medo.

Ele bate no elebó
Que não faz o bom ebó.
Grita para que a crise
Se espalhe e a casa caia.
Amarra uma pedra na carga
De quem fardo leve leva.

39. Risério não explicita, mas os dois oriquis vêm claramente de Verger (2012, p. 142-143 e 144-145).

Pai, não prenda pedras
Que façam meu fardo pesar.

Oriki de Exu 2

Lagunã incita e incendeia a savana.
Cega o olho do sogro com uma pedrada.
Cheio de orgulho e de charme ele marcha.
Quente quente é a morte do delinquente.

Exu não admite que o mercado se agite
Antes que anoiteça.
Exu não deixa a rainha cobrir o corpo nu.
Exu se faz mestre das caravanas do mercado.
Assoa — e todos acham
Que o barco vai partir.
Passageiros se preparam depressa.
Exu Melekê fica na frente.
O desordeiro está de volta.

Agbô é forte, firme, maciço
Dá na aiabá com uma clava
Surra de chicote a mulher do rei
Deixa o chorão chorar
Vê gente se batendo e não aparta.
Assim como ele, há criança de cabeça alta.
Agbô — eis aqui minha cabeça.

Ao tempo que viaja, vigia a plantação.
Agbô, dono do açoite que zumba.
Bará que bebe da água que silva a selva.
Os velhos pentelhos de sua sogra balançam no vento.

Ele se calça e segue dançando a caminho de Oió.
Agbô aguou acaçá no azeite.

Bará Melekê tem tufos de cabelo na cabeça.
Agbô, que outro não ponha a mão na minha cabeça.

Agbô vê quando botam pimenta
Na buceta de sua sogra.
Ele é o barbudo que mora na barbearia.

Bará tem os olhos na terra e chora pelo nariz.
Ele toma no mercado sem pagar.
Ele dorme com um porrete do lado.
Laroiê assiste a enterros com os pais do morto.
Os pais do morto tremem de temor.
Os pais choram.
Laroiê chora lágrimas de sangue.

Sua mãe o pariu na volta do mercado.
De longe ele seca a árvore do enxerto.
Ele passeia da colina até a casa.
Faz cabeça de cobra assobiar.
Anda pelos campos, anda entre os ebós.
Atirando uma pedra hoje,
Mata um pássaro ontem.
(1996, p. 126-128)

São claramente poemas de origem oral recriados magistralmente num modelo de tradução poética criativa, ou mesmo transcriativa, como marca o próprio Risério (1996, p. 81s). Modelo esse que, até onde sei, só deu frutos fortes na obra *Louvor dos orixás*, de Ordep Serra (2018), na qual o tradutor apresenta uma espécie de oriqui crioulo, ou *neoriki*, como ele mesmo designa.[40] Risério ainda traduz, ao longo de um outro estudo, um oriqui de Exu Odara, que também cito para fechar esta antologia de Risério em torno de Exu:[41]

Viva Exu Odara
O bamba que zanza pelo campo
O bom de briga que abafa no bafafá

40. "Os poemas que este livro encerra foram gerados por outro. O projeto inicial era traduzir composições tradicionais da lírica iorubana, do gênero oríkì, mais precisamente do subgênero oríkì órisà: composições dedicadas ao louvor dos orixás. Afastei-me tanto da tradução propriamente dita que resultou outra coisa. Já não cabe o rótulo. Mesmo quando o resultado mantém relação com o texto inspirador, comporta alterações que eu não pude nem quis evitar. A ligação se esgarçou. Em muitos casos sequer existe: então o pretexto — entenda-se o termo ao pé da letra — já não é um poema iorubano. Parti de outra provocação (um mito, um ritual, uma oração, uma história, a lembrança de uma epifania) e imitei de modo bem livre o modelo do oriki" (2018, p. 7). Mais adiante ele explicita um pouco mais: "O 'neoriki' mistura tudo: cânticos, preces, jaculatórias, mitos. Vai além das fontes africanas em que bebe de forma caprichosa. Pode ainda, de forma atrevida, incorporar elementos de uma lírica diferente e fazer apelo a recursos poéticos novos. Combina vozes de diversas origens. Conversa um pouco da estranheza que o texto africano lhe comunica e que o mistério religioso acentua. Costuma incluir versos iorubanos traduzidos de modo caprichoso, mas a tradução é sempre criativa e seletiva. (...) Não hesito em mesclar, decompor, recompor. Tomo todas as liberdades. O neoriki assimila fraseados de prece, trechos de conversas ouvidas nos terreiros, fragmentos da história sagrada dos orixás, imagens de suas liturgias, retalhos de lembrança, exigências da imaginação. Aceita invasão de outros códigos poéticos. Mas sempre se volta aos orixás" (2018, p. 16). Assim, apesar de o próprio Serra recusar o rótulo de tradução, considero aqui seu livro como uma das possibilidades tradutórias, já que em suas notas muitas vezes ele aponta explicitamente a origem textual dos seus cantos crioulos de louvor.
41. Novamente, o autor não explicita, mas o texto é tirado de Verger (2012, p. 143).

Que bota uma beca batuta
Pra ser porteiro de Deus.

Rei na terra de Ketu
Convida o alinhado e avia uma de leve.
Ele vem pra revirar o Benim.
Laroiê chora lágrimas de sangue.
Faz o torto ficar direito
Faz o direito ficar torto.

Ele tem oitocentos porretes
Cento e sessenta porretes porretas.
Bate bate batá.
Baixote que chega de noite do mercado
Baixote que chega junto
Como a beira, da estrada.

Viva Exu Odara.[42]
(1996, p. 91)

Tomo-o como patriarca da tradução poética do canto africano no Brasil, mas um pouco me distancio. Risério parte para dois caminhos que não pretendo seguir, mas apenas cruzar: em primeiro lugar, apostando no modelo

42. "Batá", que aparece no oriqui, é um tipo de tambor; eis aqui um resumo dos nomes de tambores na tradição iorubá: "O *bàtá*, tambor sagrado tocado com duas varinhas, é usado no culto aos orixás, sendo o preferido de Xangô. O *bẹ̀mbẹ́*, tocado com uma única varinha, é o preferido de Oxum. O *gángan* e o *ògìdìgbó* são tambores sagrados, sendo este [último] pendurado no ombro e percutido com uma barra para marcar a cadência dos cantos rituais. O *ìgbìn* é usado para acompanhar cantos em homenagem a Obatalá, o orixá da criação, divindade que modelou o homem. O *gibẹ̀du* é usado para anunciar a morte de reis" (Sàlámì; Ribeiro, 2011, p. 332).

jakobsoniano-concreto de função poética da linguagem, por vezes parece crer que poesia seja o maior acúmulo de efeitos por metro quadrado e acaba hiperformatando (aliterando, assonando, rimando) o texto tradutório; por vezes, apesar de apontar para todas as singularidades das poéticas orais, não procura recriar parte da perfomance nagô-iorubana dos oriquis de orixás, talvez por isso mesmo deixando de lado as melodias e ritmos das cantigas e dos *orin*. Da minha parte, se algo há nesse projeto de transcriação, é restrito, como categoriza Edimilson de Almeida Pereira:

> Nessa modalidade de *transcriação*, que chamaremos de *restrita* ou *funcional*, a instabilidade criativa da palavra oral — que é, ao mesmo tempo, índice de exposição e ocultamento do enunciado — é restringida às áreas de instabilidade sob controle, propiciadas pelas normas que regem o uso da palavra escrita. (2017d, p. 111)

Isso se dá com a peculiaridade de que passo da voz à escrita com o sonho de relançar à voz em cantigas novas em português, o que talvez coloque a minha produção na categoria de "abrangente ou criativa", resposta que não pretendo dar agora. Tenho de assumir que, no meu caso, não tenho nem sequer as "relações diplomáticas" que Leminski afirmava ter com o japonês e que Risério diz ter com o iorubá; meu caso é muito mais precário e depende mesmo de outras traduções e de conversas com pessoas que sabem mais, além de consultas frequentes a dicionários e gramáticas em caráter de diletantismo. Para realizar o trabalho, tive que escutar inúmeras vezes, no YouTube, gravações de cada uma das cantigas a seguir feitas pelo grupo Axé PombaGira,[43] seguindo seus ritmos e procedimentos melódicos. Assim, se concordo com Risério (1996, p. 100) que "é impossível reproduzir esse jogo de *tonemas*" do iorubá, penso que é possível refazê-lo canto, ou seja, deslocando as relações de altura de seu valor fonético para um valor melódico que convida à performance. Por isso, optei por verter sobretudo as cantigas com seu jogo epigramático e de repetição cantada, em vez de fazer grande acumulação de oriquis.

Um ponto que o leitor perceberá em muitas das soluções é o desdobramento do texto iorubá em uma espécie de duplitradução, sendo que uma tende a traduzir epítetos e expressões, enquanto outra mantém as influências do iorubá no português, bem como os epítetos em sua função de linguagem mágica e evocatória (afinal, os epítetos são nomes, modos de evocação). Nessa duplicação tradutória, penso o poema não apenas como mancha na página, mas sim como performance vocal que pode deslizar de uma para outra versão, desde que ambas caibam na melodia dada, produzindo assim um tríptico: canto do original e canto de cada uma das traduções, que vão se permutando em rito performático e performativo. Um pouco dessa prática já foi realizado em performances do grupo Pecora Loca (voltado para performance vocal e musical de poesia e(m) tradução), como um justo pedido de abertura e proteção a Exu, num canto coletivo ainda desprovido de tambores: o que fizemos e fazemos é um modo de relação com o divino, usar da tradução como uma forma de poética, mas também como ética e pragmática da vida; nesse sentido, as linhas entre rito e vida são borráveis,

43. Disponíveis em https://www.youtube.com/watch?v=mId0Uc8YGHE.

se não já sempre-borradas, e cantar sem ser um iniciado e fora do contexto tradicional é, mais do que apenas brincar com o perigo, também um modo de relação afetiva. Longe de ser um desrespeito com a tradição afro-brasileira, acredito que traduzir e cantar do iorubá ao português, junto com obras gregas, romanas, provençais etc., é marcar uma vida contemporânea ética e esteticamente cruzada também por modos extraocidentais.

Um aspecto me parece bastante fora das vias de tradução mais batidas na poesia: é que aqui a tradução não se dá precisamente entre duas línguas; ou pelo menos não sempre, e não porque apresento traduções de frentes diversas. Como os ritos e cantos de origem africana ganham nova vida no Brasil — em liturgias que continuaram sendo praticadas sem estabilização escrita (apesar de toda a mnemotécnica das culturas orais), muitas vezes com cruzamentos entre famílias linguísticas africanas, ameríndias e europeias —, o que temos hoje é, em primeiro lugar, um repertório de cantos que, mesmo sem estar em português, vivem e convivem como se fossem parte do nosso repertório (alguns deles de fato são inexistentes hoje na África); em segundo, um repertório com várias construções reconhecíveis para além da língua, com termos de origem banta, iorubana etc. hoje em funcionamento no vernáculo do português brasileiro; em terceiro, temos a metamorfose de cantos e versões, que variam de terreiro a terreiro, nação a nação, mesmo quando próximas, por vezes operando verdadeiras traduções homófonas. Alguns desses aspectos são bem percebidos por José Jorge de Carvalho, quando descreve seu conceito de "tradução ficcional":

> Por não conhecer o idioma iorubá, sua tradução é claramente uma criação, um arranjo novo feito em cima de elementos míticos e simbólicos da tradição iorubá no Brasil. Não são falsas no sentido de um positivismo linguístico elementar, mas são corretamente ditas ficções, na medida em que não podem manter um compromisso com o sentido literal das expressões originais. Em alguns raros casos, pude mostrar que a tradução ficcional marchou paralela à tradução literal ou interpretativa, prova certeira de que o povo do Xangô conhecia o idioma iorubá num passado não muito distante. (1993a, p. 31)

Tom Jones da Silva Carneiro (2017, p. 46s) aponta para a singularidade dessa vivência multilíngue de cultura oral para insistir que essas traduções ficcionais apresentam um tal vínculo com o sentido literal em iorubá que seriam "tão imprescindíveis quanto os originais, visto que esses novos sentidos é que atualizam toda a prática ritual". Carvalho sugere que isso tenha acontecido por causa do desaparecimento do que ele chama de "guardiões da ortodoxia", no que é seguido por Carneiro. Porém poderíamos pensar que trata-se de uma cosmovisão que autoriza e implementa a mutabilidade como parte do texto sagrado sempre re-cantado. Nesse sentido, mesmo numa cultura monolíngue (vamos supor um canto iorubano de um oriqui arcaico na Nigéria atual), demanda-se uma espécie de tradução ficcional intralingual como máquina hermenêutica e como prática corporal e religiosa. É possível dizer de fato que, nessa tradução ritual no Brasil, o texto passou de uma língua a outra ou ele apenas desloca um pouco o ouvido e dá nova vida com novas transparências produzidas? É num espírito singular que traduzo a seguinte cantiga do seguinte modo:

Ṣónṣó ọ̀bẹ, ṣónṣó ọ̀bẹ,
Ọdára kò l'orí ẹrù, Laróyè.
Ṣónṣó ọ̀bẹ, Ọdára kò l'orí ẹbọ.

faca no fio faca no fio
Odara sem ori pra eru Laroiê
faca no fio
Odara sem ori pra ebó

Ora, se olharmos bem, o segundo verso é uma quase não tradução, bem como o fim do terceiro: nesses trechos, os jogos sonoros *Ọdára kò l'orí ẹrù* e *Ọdára kò l'orí ẹbọ* se dão numa sequência de epíteto para Exu (Odara) e dos termos dicionarizados "ori" (a cabeça, que também é todo um conceito na cultura iorubá), "eru" (o carrego que precisa ser levado ao fim do rito) e "ebó" (a oferenda, ou sacrifício). Assim, não traduzindo o jogo conceitual, na medida em que ele subsiste em português, realizo um contrapasso cantável, jogo entre línguas que já se enlaçam há mais tempo; evito a mera explicação, ou o transplante para termos todos lusitanos, porém desvinculados do lugar do canto, que seriam "cabeça", "carrego" e "oferenda", ao mesmo tempo que posso permitir o eco de dois epítetos rituais de Exu: Elebó (senhor do ebó) e Eleru (senhor do eru), duas representações centrais para a dinâmica do sistema nagô, no entendimento de Elbein dos Santos (2012, p. 181). Turva-se o português, porém as poéticas orais aceitam o turvo, e muitas o procuram, como vemos mesmo nos oriquis. Jaime Sodré, numa entrevista a Jorge Alfredo, é certeiro ao comentar a relação dos sons:

> Então, o que acontece? Eu fiz questão de registrar o processo de recriação, de adaptação da língua iorubá pra nossa língua. Tem misturas ali interessantes, porque a questão não é oral, é sonora. Porque se fosse oral, o Santo parava no meio do salão e dizia: "Não! Essa língua eu não conheço! Pega um dicionário aí, eu só danço se...". Ele vai pela sonoridade. Então, enquanto você tiver sonoridade próxima à matriz vibratória, pode cantar que o Santo vem. Se for absurdamente diferente ele não vem. Mas essa recriação é importante, porque foi assim que o Candomblé surgiu no Brasil, adaptando, recriando, aproximando... Enquanto aproximar e tiver energia e axé, o Santo vem e responde. (...) Isso pra mim é muito interessante, porque não se trata de uma transcrição *ipsilítere*, é sonoridade. (Alfredo, 2013, n.p.)

A tradução entra então como um movimento a mais nessas adaptações, movendo a semântica e o som em novo tensionamento e aproximação. O fato é que nenhum canto nunca foi pura transparência. Eu poderia ainda falar do desafio singular dos nomes e epítetos, que muitas vezes são transparentes e noutras recebem conjeturas de sentido muito diversas, a depender de quem os interpreta. É possível desdobrar o nome numa tradução, ou o nome é também um som sagrado, parte do poder mágico do canto? Poderíamos então, como optei por fazer algumas vezes, simplesmente variar, deslocando o nome para o sentido e para o som da evocação? As traduções aqui, porque cabem nas melodias, tensionam as bordas das línguas vivas; não respondem propriamente a essas perguntas, mas as levam também ao centro do canto, como dom e contradom da tradução.

Acredito que será perdoável se o resultado como cantopoema tradutório tiver sua fertilidade. É diante da confiança na potência fértil dessas cantigas na produção contemporânea, para além dos terreiros, que também traduzo. Risério nos lembra que Exu "induz ao erro e à maravilha" (1996, p. 112), e assim me entrego ao erro, ou melhor, ao equívoco, segundo o caso.

Elebós — Cantigas iorubanas

As cantigas a seguir foram retiradas do livro *Cantando para os orixás*, de Altair Bento de Oliveira (2012), onde consultei também suas traduções. Gostaria de informar que muitas cantigas iorubanas em versões variadas estão anotadas no site *Ilê Axé Egbé Orixá*.[44]

44. Disponível em: https://ileaxe.webnode.com/umbanda/cantigas/cantigas-de-exu/.

1.

A pàdé Ọlọ́ọ̀nọ̀n e mo júbà Òjíṣẹ́.

Àwa ṣé awo, àwa ṣé awo, àwa ṣé awo.

Mo júbà Òjíṣẹ́.

2.

Ẹlẹ́gbára rẹ́wà a ṣé awo.

Ẹlẹ́gbára rẹ́wà a ṣé awo.

Bara Ọlọ́ọ̀nọ̀n àwa fún àgò.

Bará Ọlọ́ọ̀nọ̀n àwa fún àgò.

3.

A jí ki ire ni Èṣù, Èṣù kà bí kà bí.

A jí ki ire ni Èṣù, Èṣù kà bí kà bí.

1.
ao padê de Lonã
ê mojubá Ojixé
levar ao louvor levar ao louvor levar ao louvor
mojubá Ojixé

pra encontrar Rei-da-Estrada
venerar Mensageiro
levar ao louvor levar ao louvor levar ao louvor
venerar Mensageiro.

2.
Elegbará é lindo
                leva ao louvor
Rei-da-Força é lindo
                leva ao louvor
Bará-da-Estrada
                me dê teu favor
Bará-Lonã
                me dê teu favor

3.
de pé vou saudar Exu
Exu diz quem devém
de pé vou saudar Exu
Exu diz quem devém

4.

Ẹlẹ́gbára Èṣù ó ṣá kéré kéré.
Ẹkẹsan Bará Èṣù ó ṣá kéré kéré.

5.

E Ẹlẹ́gbára Ẹlẹ́gbára Èṣù Aláyé.
E Ẹlẹ́gbára Ẹlẹ́gbára Èṣù Aláyé.

6.

Ó wà lẹ́sẹ̀ l'abọwọlé s'orí àgbékọ̀ ìlẹ̀kùn.
Ó wà lẹ́sẹ̀ l'abọwọlé s'orí àgbékọ̀ ìlẹ̀kùn.

7.

Èṣù wa jú wò mọ̀n mọ̀n ki wò Ọdára.
Laróyè Èṣù wa jú wò mọ̀n mọ̀n ki wò Ọdára.
Èṣù awo.

4.
o Rei-da-Força Exu corta curto fundo
Ekesan Bará Exu corta curto fundo

Elegbará Exu corta curto fundo
Criação Bará Exu corta curto fundo

5.
é é Rei-da-Força é Rei-da-Força Exu de Poder
ê Elegbará Elegbará Exu Alaiê

6.
ele é quem é
no umbral de pé
chegou na cabeça ao portão
ele é quem é
no umbral de pé
parado no ori do portão

7.
Exu repara vê
vê louvor Odara
Laroiê Exu repara vê
vê louvor Odara
Exu — louvor

8.

Ọdára ló ṣòro, Ọdára ló ṣòro lọ́ọ̀nọ̀n.
Ọdára ló ṣòro e ló ṣòro Ọdára ló ṣòro lọ́ọ̀nọ̀n.

9.

Òjíṣẹ́ pa lé fún awo, Ọdára pa lé sọ́ba.
Òjíṣẹ́ pa lé fún awo, Ọdára pa lé sọ́ba.

10.

Ẹlẹ́gbára lẹ́wà lẹ́gbára Èṣù a jú wò mọ̀n mọ̀n ki a awo.
Ẹlẹ́gbára lẹ́wà lẹ́gbára Èṣù a jú wò mọ̀n mọ̀n ki a awo.

8.
Odara trancador
Odara tranca Rei-da-Estrada

Odara trancador
ê trancador
Odara trancador Lonã

9.
Mensageiro matou pro louvor
Odara matou pro rei

Ojixé matou pro louvor
Odara matou pro rei

10.
o Rei-de-Força
fino força
Exu repara e vê
vê meu louvor

o Rei-de-Força
fino força
Exu repara e vê
vê meu louvor

11.
Kò mo ńrí ìjà rẹ̀ ó ìjà rẹ̀ ó Èṣù Ọlọ́ọ̀nọ̀n.
Kò mo ńrí ìjà rẹ̀ ó ìjà rẹ̀ ó Èṣù Ọlọ́ọ̀nọ̀n.

12.
Ó jí gbálẹ̀ á kàrà ó, Èṣù ṣóròkè.
Ó jí gbálẹ̀ á kàrà ó, Èṣù ṣóròkè.

13.
A jí kí Barabo ẹ mo júbà, àwa kò ṣé.
A jí kí Barabo ẹ mo júbà, e ọmọdé kọ ẹ̀kọ́ ki
Barabo e mo júbà Ẹlẹ́gbára Èṣù l'ọ́ọ̀nọ̀n.

14.
Bará ó bẹbẹ Tirirí l'ọ̀nọ̀n.
Èṣù Tirirí, Bará o bẹbẹ Tirirí l'ọ̀nọ̀n.
Èṣù Tirirí.

11.
sem ver brigar
o teu brigar o teu
Exu Olonã

sem ver brigar
o teu brigar o teu
Exu Rei-da-Estrada

12.
catando caco da cabaça
                Exu Xoroquê
catando caco da cabaça
                Exu Montanhês

13.
saúdo Barabô a venerar
sem fazer mal
saúdo o Protetor ê mojubá
na escola o moleque aprende
Barabô a venerar
Rei-da-Força Exu da estrada

14.
Bará o feitor demorou no andar
Exu Tiriri
Bará o feitor é Tiriri Lonã
Exu demorou

15.

Gókè gókè Ọdára, Ọdára bàbá ẹbọ.
Gókè gókè Ọdára, Ọdára bàbá ẹbọ.
(Gókè gókè nidánọn, Ọdára bàbá ẹbọ.)

16.

Inọn inọn mo júbà e ẹ mo júbà.
Inọn inọn mo júbà e àgò mo júbà.

17.

Ẹ má wọn lẹ́ẹ̀bá nọn, kò rí ìjà.
Ẹ má wọn lẹ́ẹ̀bá nọn, kò rí ìjà.
Ẹ má jẹ̀kì, kò rí ijà.
Ẹ má jẹ̀kì, kò rí ijà.

18.

Ọlọ́ọ̀nọ̀n àwa Bará Kétu.
Ọlọ́ọ̀nọ̀n àwa Bará Kétu.

19.

Èṣù sọ ṣóròkè, Ẹlẹ̀gbára kí a awo.
Èṣù sọ ṣóròkè, Ẹlẹ̀gbára lẹ̀gbáa ó.

15.
subir subir Odara
Odara é papai de ebó

(Subir subir à chama
Odara é papai de ebó)

16.
chama chama venerar
eu vou venerar
chama chama mojubá
licença mojubá

17.
Lebá não queime aqui — a brigar
Lebá não queime aqui — a brigar
Não deixe ver — teu brigar
Não deixe ver — teu brigar

18.
Rei-da-Estrada é Bará de Queto
Olonã é Bará de Ketu

19.
Exu é Montanhês
Rei-da-Força com louvor
Exu é Xoroquê
Elegbará Legbá ô

20.

Kétu ké Kétu ẹ Èṣù Alákétu.
Kétu ké Kétu ẹ Ẹlẹ́gbára Kétu.

21.

Yẹmọnja kó nta ródò, Èṣù a inọ́n kò.
Yẹmọnja kó nta ródò, Èṣù a inọ́n kò.

22.

Àgòlọ̀ọ̀nọ̀n àwa pé ńbo, àgòlọ̀ọ̀nọ̀n e.
Àgòlọ̀ọ̀nọ̀n àwa pé ńbo, àgòlọ̀ọ̀nọ̀n e.

23.

Àgò nbọ nbọ Laróyè.
Àgò nbọ nbọ Laróyè.

24.

Ṣónṣó ọ̀bẹ, ṣónṣó ọ̀bẹ,
Ọdára kò l'orí ẹrù, Laróyè.
Ṣónṣó ọ̀bẹ, Ọdára kò l'orí ẹbọ.

20.
Queto diz Queto
é Exu rei de Queto
Ketu diz Ketu
é Rei-da-Força em Queto

21.
Iemanjá quer ribeirão Exu da chama não
Iemanjá quer ribeirão Exu da chama não

22
licença ao culto do Rei-da-Estrada ao Estrada-Rei
licença ao culto do Rei-da-Estrada ao Estrada-Rei

23.
licença ao culto ao culto Laroiê
licença ao culto ao culto Laroiê

24.
faca no fio faca no fio
Odara sem ori pra eru Laroiê
faca no fio
Odara sem ori pra ebó

25.
Alákétu rẹ̀ Kétu Bará,
Èṣù máa lọ́.

26.[45]
Bára je n'tan á nlo,
Bára je n'tan máa ló ilé.

45. Esta cantiga não está contida no livro *Cantando para os orixás* (Oliveira, 2012), mas faz parte da apostila *Àsèsé, o reinício da vida* (Oliveira, 1998).

25.
Alaketu
rei de Queto
Bará
Exu já vai

26.
Bará comeu
cansou
Bará comeu
já vai do ilê

Toadas do Xangô do Recife

Estas cantigas são as transcritas por José Jorge de Carvalho (1993a), cantadas em iorubá. Sigo sua numeração, porém omito a toada 10, que é idêntica à cantiga iorubana 14, apenas com variante de grafia: "Baraobebe tiriri l'ọ̀ná/ Èṣù tiriri Baraobebe tiriri l'ọ̀ná"; no entanto, incorporo parte da interpretação de Carvalho à tradução da cantiga 14 no capítulo anterior. A toada 9 lembra muito a cantiga iorubana 13, porém as diferenças sugerem também sutilezas de sentido que abrem para variantes tradutórias.

1.
Èṣù gba t'ìrẹ
t'ibi t'ìrẹ Èṣù gba t'ìrẹ t'ibi t'ìrẹ

2.
Àṣá lẹ́ lẹ́ a mà kú àbọ̀ òde

3.
Èṣù rèé Ọba rèé Èṣù a bẹ̀
kó mó ṣòro Èṣù Aba

4.
Èṣù gọngọ
Èṣù ba k'ayọ̀ dé Èṣù

1.
Exu leva o teu
qual seja o teu
Exu leva o teu
qual seja o teu

2.
anoiteceu bem-vindo volta

3.
Exu ê o rei ê Exu é lá
dê dom sem dor Exu Abá

Exu eis Obá eis 'xu Abá
dê dom sem dor Exu Abá ô

4.
    Exu gongó
Exu traga o riso Exu
    Exu do pau
Exu traz o rir Exu
    Exu gogó
Exu traga o riso Exu

5.

Bójú kangarodo
Èṣù tá mí l'ọ̀rẹ bójú kangarodo

6.

Èṣù mbì ọ̀ gọrọ gọrọ gọrọ Baba mbì ọ
Èṣù nyọ̀ gọrọ gọrọ Baba nyọ̀

7.

Èṣù gba t'ìrẹ o má a lọ
àwa mí s'ọpẹ́ k'Èṣù gbà
a bá r'ọ̀sà a bá r'òkun
àwa mí s'ọpẹ́ k'Èṣù gbà
Irúnmole Omidandan
àwa mí s'ọpẹ́ k'Èṣù gbà

5.
Boju Kangarodo
Exu me traga um dom
Boju Kangorodo

fechou bravo só
Exu me traga um tom
fechou bravo-só

6.
Exu andou
sutil sutil sutil
o pai andou
Exu te atou
sutil sutil
o pai te atou

7.
toma o teu Exu (vai só)
eis a ofertação — Exu vai
bora afundar bora ao mar
eis a ofertação — Exu vai
Irunmalé Omindandan
eis a ofertação — Exu vai

8.
Èṣù á jó Èṣù á yan [mọmọ k'a yan o]
Ọdàrà Aláròyé
Èṣù á jó Èṣù á yan [mọmọ k'a yan o]
Ọdàrà á yan o

9.
Ìbà àgbà o, àgbà o, mo júbà, ìbà á ṣẹ
[ibarabo o àgò mojuba iba a ṣe]
Àgbò àgbò àgbò mo júbà
ọmọdé kú ilé
Ìbà àgbò àgbò mo júbà
Ẹlẹgbàrà àgò l'ónà

11.
Aroye Aroye ọ̀kọ̀kan ọ̀kọ̀kan Odara Baba ebo
Olòwò Aroye ẹ̀tẹ̀ta eteta Odara Baba ẹbọ
Aroye Aroye àràrún àràrún Odara Baba ebo
Aroye Aroye èjèjé èjèjé Odara Baba ebo
Aroye Aroye èsẹ̀sán èsẹ̀sán Odara Baba ẹbọ
Aroye Aroye ọ̀kànkàlá ọ̀kànkàlá Odara Baba ẹbọ
Aroye Aroye ẹ̀tẹ̀tàlá ẹ̀tẹ̀tàlá Odara Baba ẹbọ

8.
Exu dançou orgulho só
Odará Alaroiê
Exu dançou Exu bailou
todo-bom e bailou

9.
saúdo meu velho a venerar
salve eu sei
salve ancião venerar
e moleque do lar
salve ancião venerar
rei-da-força
-do-estradar

11.
Aroiê Aroiê de um em um
de um em um Odara é pai do ebó
Aroiê Aroiê três em três
três em três Odara é pai do ebó
Aroiê Aroiê cinco em cinco
cinco em cinco Odara é pai do ebó
Aroiê Aroiê sete em sete
sete em sete Odara é pai do ebó
Aroiê Aroiê nove em nove
nove em nove Odara é pai do ebó
Aroiê Aroiê onze em onze
onze em onze Odara é pai do ebó
Aroiê Aroiê treze em treze
treze em treze Odara é pai do ebó

Mambu — Cantigas Angola-Congo

O texto, antes quíntuplo, tinha sido originalmente feito e fixado a partir das transcrições de Barcellos (2011); posteriormente, André Capilé preparou sua edição, leitura e tradução para as cantigas tal como são cantadas no Omariô de Jurema, em Barra Mansa-RJ, especialmente para este livro; em seguida aos textos, vem a tradução semântica de Capilé, depois um recantamento poético segundo a melodia, que tira proveito dos equívocos inevitáveis entre as várias línguas do tronco banto, e também das variantes sem fim de cada comunidade e as diferentes interpretações para os sons ao longo do tempo. Esses recantamentos são feitos em parceria com Capilé. As *mambu* aqui traduzidas, com maior ou menor variação, são cantadas na imensa maioria das casas de candomblé Angola-Kongo, com maior ou menor variação da ordem. Contudo, e já dito em algum ponto, o uso da língua no culto não é uniforme, sem contar as mudanças, umas mais sutis, outras menos, no trato de enunciação — sem também considerar as variantes internas das regiões dentro do Reino do Congo, bem como em Angola, com suas diversas províncias, que, quando em contato comum no período de escravização, precisaram tomar curso conjunto de sobrevivência, de culto e língua no Brasil. O ouvido trai. Alguns dos termos que foram arrolados nas *mambu*, em alguns pontos, divergem da sua enunciação original nas casas de santo. Propõe-se com essas transcrições, junto das respectivas traduções, uma deriva etimológica, muita vez em vertigem, embora não se pretenda fixar os cantos como forma definitiva. Antes, com sorte, se desdobram em seus recantamentos.

1.

mpambu njila ae
mpambu njila ae
mpambu njila ja mukange
mpambu njila ae

mpambu njila ae
mpambu njila ae
mpambu njila ja mu-kénge
mpambu njila ae

mpambu njila ae
mpambu njila ae
mpambu njila ja mukangi
mpambu njila ae

1.

Senhor da encruzilhada e dos caminhos
Senhor da encruzilhada e dos caminhos
A via encruzilhada é sua máscara
Senhor da encruzilhada e dos caminhos

Senhor da encruzilhada e dos caminhos
Senhor da encruzilhada e dos caminhos
Da via encruzilhada o mensageiro
Senhor da encruzilhada e dos caminhos

Senhor da encruzilhada e dos caminhos
Senhor da encruzilhada e dos caminhos
Da via encruzilhada o salvador
Senhor da encruzilhada e dos caminhos

Mpambu-Njila aê
Cruza-Trilha aê
Bombogira o mascarado
Mpambu-Njila aê

Kongojiro aê
Mpambu-Njila aê
Cruza-Trilha o mensageiro
Bombogira aê

Cruza-Trilha aê
Bombogira aê
Mpambu-Njila o manguaceiro
Cruza-Trilha aê

2.

mpambu njila ja mukange
kia unene
mpambu njila ja mukange
ialá ionene

mpambu njila malembe

mpambu njila ja mukange
kia unene
mpambu njila ja mukange
ialá ionene

mpambu njila kujia kujianjo

2.

a via encruzilhada é sua máscara
e é muito grande lá
a via encruzilhada é sua máscara
são enormes suas garras

Senhor da via encruzilhada traga paz

a via encruzilhada é sua máscara
e é muito grande lá
a via encruzilhada é sua máscara
são enormes suas garras

Senhor da via encruzilhada vai beber
vai beber em sua casa

Cruza-Trilha o mascarado
grande pra valer
Mpambu-Njila bebe e guarda
garra grande ê

Bombogira malembe

Mpambu-Njila o mascarado
grande pra valer
Bombogira bebe e guarda
garra grande ê

Cruza-Trilha no teu lar já curiou
Cruza-Trilha a curiar bebeu guardou

3.
mpambu njila
mpambu njila
mpambu njilê

4.
yànnda sisa
sisa lukaya
yánnda sisa
sisa lwa nganga

e lukaya
yánnda sisa
sisa lwa nganga

yànnda sisa
sisa lukaya
yánnda sisa
sisa lwa nganga

3.

Senhor da encruzilhada e dos caminhos
Senhor da encruzilhada e dos caminhos
é dele a encruzilhada e os caminhos

Cruza-Trilha
Mpambu-Njila
Bombogirei

4.

o Alegria manifesto
manifesto vai dançar
o alegria manifesto
manifesto líder há

ele vai dançar
o Alegria manifesto
manifesto líder há

enfeitado ele se excita
e excitado vai dançar
enfeitado ele se excita
forte o mestre vai mostrar

o Alegria
cria na dança
o alegria
cria e mandará

nessa luanda
o Alegria
cria e mandará

5.
byôle byôle
mbi o nata
mbimbi
kwa kwa ko

6.
ma-wile ma-uângu
nkwálu méeso e
rá-rá-rá
nkwálu méeso e

ma-wile ma-uângu

e se excita
fita na dança
e se excita
dita e mostrará.

5.

a criança balbucia
de posse da malícia
diante da malvadeza
sorrindo cacareja

fuzuê fuzuê
cambalacho
pros maus
gargalhou

6.

ao Fortuna seu culto
na estrada põe seus olhos
a gargalhar
na estrada põe seus olhos

o Fortuna tem culto

Mavile tem culto
na via dana a ver
rá rá rá
na via dana a ver

Sorteiro tem culto

7.
ma-wile ma-wile
ma-wile ma-uângu

ma-wile ma-wile
ma-wile ma-uângu

8.
tso mpàui ná
tso mpàui ná

tso mpàui ná
tso mpàui ná

kwenda uê
kwenda uê

tso mpàui ná

7.

sorte grande sorte maior
celebrai a fortuna

sorte grande sorte maior
celebrai o Fortuna

Mavile Sorteiro
Mavile tem culto

Sorteiro Mavile
Sorteiro tem culto

8.

estação da espiga vermelha
estação da espiga vermelha

estação da espiga vermelha
estação da espiga vermelha

aproxime-se
aproxime-se

estação da espiga vermelha

rubra espiga já
rubra espiga já

rubra espiga já
rubra espiga já

9.

tso kwenda uê
tso kwenda uê

tso kwenda uê
tso kwenda uê

kwenda uê
kwenda uê

tso kwenda uê

indo vem
indo vem

rubra espiga já

9.

a estação se aproxima
a estação se aproxima

a estação se vai
a estação se vai

vai e volta
volta e vai

a estação leva adiante

já indo vem
já indo vem

já indo vem
já indo vem

indo vem
indo vem

já indo vem

10.
ndoki ndoki
maku-maku
ngé ia ngë

ndoki ndoki
mpemba ko
ngé ia ngë

11.
kia njanjá
kia njanjá uê
ki-ima kimwelê
tenda njilê

kia njanjá
kia njajá uê
yibika kawele
tenda njilê

10.

o feiticeiro bruxo
anda e treme de cabeça virada
oh! vem de vermelho

o feiticeiro bruxo
giz cru que gargalha
oh! vem de vermelho

o torto é torto
mago mago
vermelho vem

de riso em riso
Mpemba chegou
vermelho vem

11.

com um peixe miúdo
com um peixe miúdo está
seu pênis é uma fita
que atalha caminhos

com um peixe miúdo
com um peixe miúdo está
a multidão embrasada
que atalha caminhos

com um piau
com um piau seu
pau é uma fita
(a)talhando trilha

12.
tenda
tenda mpambu nzila
tenda ió

kwenda
kwenda mpambu nzila
kwenda ió

13.
ma-wile ntangu
makota wile
ma-wile

ma-wile ntangu
makota wile
ma-wile

com um piau
com um piau ê
multidão fervilha
talhando trilha

12.

talha
atalha caminhos cruzados
ah! talhatalha

venha
vá caminhos cruzados
ah! continue

talhe
(a)talhe Cruza-Trilha
talhe e só

venha
venha Pambu Nzila
venha e só

13.

é boa a hora da sorte
ah! mais velhos, Fortuna
boa sorte

é boa a hora da sorte
ah! mais velhos, Fortuna
boa sorte

14.
tambula
zekuzeka
zeká kudia

tambula
zéke-zeke
zeká kudia

Mavile é tanto
meus velhos procês
Mavile ê

Sorteiro é tanto
meus velhos procês
Sorteiro ê

14.

receba
dorminhoco
rode ao comer

toma
é picante
rode ao comer

toma lá
dorme-dorme
a rodar curiá

toma lá
Malagueta
a girar curiá

Oriquis

Os seis primeiros oriquis foram tirados de Verger (2012), e a tradução realizada sob consulta de dicionários e da também tradução do próprio Verger. Nos passos em que ele não consegue traduzir e não consegui seguir além, mantive o texto em itálico na tradução. O canto por vezes carrega o que já não guarda uma semântica clara. O mesmo vale para o *mlanmlan* do próximo capítulo. O *awurèbé* é um animal não identificado. Os demais são compilados em Sàlámì e Ribeiro (2011).

1.
Eṣu laroye arogbo
Tabiribangban o b(a) oni (i)ja wá kumọ
O kọ Ọyọ bọ́ lọjọ
O dé lõró sùn lọdun mẹta

Bi elekun sunkun, li Laroye loṣoro
Eṣu b(i) o ye lọ l(i) ala bò mi
Ẹnu (pu)po lara mi
Ajigberede akiri wa apan kiri

2.
Labọralinde, li o ba de bode ti o kò ba bá
Ni ẹnu odi ni nro (o)ko
On na ni o da oko nibiti arugbo le de
On nikan ni o sẹ oko wọ̀rọ̀kọ̀-wọ̀rọ̀kọ̀ bi il awurèbé
On na ni binu sọ igikigi ki o wó
Ti o ba binu ti o ba la okuta (i)gbó
Okuta na a si ma ṣẹjẹ
Ti o ba nbinu ti fi awọ kanyinkanyin joko

3.
Eṣu lalu okirioko
Pá pá wara
Aiṣukati ma se eṣa
O sun okunkun
Onibode ọkọ́ ero

1.
Exu laroiê ancestral
forte que pega porrete pro guerreiro
que vai a Oió e já voltou
que chega ao portal e dorme três anos

se um chorão chora pra Laroiê não rola
Exu se quer partir vou me cobrir de branco
muita má língua sobre mim
Ajigberede akiri wa apan kiri

2.
Laboralinde é bem na barreira da porta
o campo que ele cava
ele cultiva o campo que um velho alcança
ele semeia o campo em ziguezague que nem
casa de *awurèbé*

na raiva abate uma árvore qualquer
na zanga pisa uma pedra no mato
e a pedra é que sangra
na zanga senta em pele de formiga

3.
Exu Lalu vaga no campo
pá pá já bate

Aiṣukati ma se eṣa
ele dorme no breu

Onibode ti jẹ owó agbara
O yi lala o sure lala
O yọ koko alaru maruman
O dẹ ni kun (i)le agbere
O f(i) okó n(i) agiri pà pà pà pà

4.
Labeleyinbo A le kuru le ga
O nlọ ninu ẹpa atari rẹ̀ nhan firifiri
Ọpẹlọpẹ giga ti o ga
Eṣu ni o gùn ori arò ni o fi (i)bu iyọ si ọbẹ̀

5.
Lalu okini Polo
O jó má ṣẹ ejika
Alamọ lamọ bàtá
O ṣẹ apọn má mi
O kọ tere pe ẹlẹwẹ
O bebe ni jo
Aṣo baba ija
Eṣu beleke
Alado a(wa) wure
Pahara pohoro akoto koboko lè ró
Abi kete yia ẹlọjade
O loṣo f(i)eri kan okele
O dide kò to aro

trampa sobre a canoa
trampa e come grana com força

ele volta veloz ele corre veloz
tira a marmita de quem traz folha de palma

ele expulsa o arrogante na porta
bate o pau na parede pá pá pá pá

4.
Labeleyinbo A le kuru le ga
se vai no amendoinzal por vez se vê seu crânio
pois é grande de grande
Exu sobe no forro e joga sal no molho

5.
Lalu vaga no campo
dança e não mexe o ombro
tocador toca o *batá*
ele se agita sem soprar
de manso chama o dono do feijão
O bebe ni jo

Dissenso é pai da briga
Exu Meleque
rei de Adô nos inclinamos
coisa vazia cabaça vazia ressoa
a mãe pariu ao vir da feira

sentado bate o ori no forro
de pé não toca o teto

6.

Eṣu Akeremewe Ọlọrungeyinbo Labọralinde
Bi ọrọ ba fẹ pọ̀n ki o mà lọ jẹ ọrọ
Bi ọrọ kò ba si pọ̀n mọ akinkẹhinde
Eṣu kò ọmọ wá da si ọdẹdẹ emi
Yanunyanun bi igún, ẹni iku ran pe ori

7.

Èṣù ọ̀ta òrìṣà
Ọṣẹ́ẹ̀tùrá ni orúkọ bàbá mọ̀ ọ́.
Alágógo ìjà ni orúkọ ìyá npè ẹ́,
Èṣù Ọdàrà, ọmọkùnrín ìdọ́lọ́fin,
O lé ṣónṣó sí órí ẹsẹ̀ ẹlẹ́ṣẹ̀,
Kò jẹ kí ẹni njẹ gbé mì,
A kìì lówó láì mú ti Èṣù kúrò,
A kìì láyọ̀ láì mú ti Èṣù kúrò,
Aṣọ̀ntún ṣe òsì láì nó íijú,
Èṣù àpáta sọ́mọ ọlọ́mọ lẹ́nu,
Ó fi òkúta dípò iyọ̀
Lọ́ọ̀gẹmọ ọ̀run, a nla kálù,
Pàápa-wàrá, a túká máṣe ṣà,
Èṣù máṣe mi, ọmọ ẹlòmíràn ni o ṣe

6.
Ẹṣu Akeremewe Ọlọrungeyinbo Labọralinde
se o cacto madurar eu como o fruto dele
se o cacto não madura espero um pouco mais
Exu não seja raro filho em minha casa
bico rapace arauto da morte no ori do povo

7.
Exu pedra em sapato de orixás
Oxeturá te chama teu pai
Rei-d'Agogô-da-Fúria te chama tua mãe

Exu Odara o forte de Idolofin
que pousa ori no pé dos outros
que não come nem deixa outros comerem

quem tem grana reserva pra Exu
quem tem riso reserva pra Exu

na esquerda e na direita sem ter pejo
Exu que faz dizer o que não quer
em vez de sal tempera em pedra

santo filho do Orum grande por tudo
zás-trás estraçalhando o injuntável
Exu não tire meu axé mas só do filho alheio

8.

Èṣù o, Èṣù Ọdàrà
Èṣù Láàlú ògiri òkò
Ajọ́ngọ́lọ̀ ọkùnrin ogun
Agó-n-gó ọ̀gọ
Bàrà ti n jẹ Látọ́ọ̀pa
Alóju nílẹ̀ fi imú sunkún
Abáni lálejò bi ogun dó tìní
Abáni wọ̀ran bá ò rí dá
Ò gbégi ṣòòṣò bojú owó
Ò kẹ́sẹ̀ ẹlẹ́sẹ̀ bọ ṣọ̀ọ̀lọ̀

Jẹ́jẹ́ lẹlẹ̀kún n sunkún
Láaróyè dé bẹ̀ ó n sun èjè
Jẹ́jẹ́ lonínú n ṣù nú
Láaróyè dé Ibẹ̀ ó n sù fun
Jẹ́jẹ́ loníjà n jà
Láaróyè dé bẹ̀ ó yọ ọ̀bẹ

Èṣù láàlú òkiri òkò
Láaróyè Ẹbọra tí n jẹ Látọ́ọ̀pa
Ọkùnrin kúkúrú, ọkùnrin gògòrò
Ọkùnrin pẹ́kẹ́ bí òrí àtàná
A yí kọ́ndú si ẹ̀yin ẹlẹ́yin
Ó sọ̀rọ̀ àná dọ̀ní
Kí ojúmọ̀ ó tóó mọ̀
Tàkúté kakaka
ẹ̀bìtì kakaka
ẹ̀bìtì tí ó gbójú ò lè pa ìgbín
Pátákò ẹ̀kùn kakaka nìí ta ajá lẹ́nu
Èṣù má ṣe mi o
Ọmọ elòmìí ni o se o

8.

Exu Exu Odara
Exu Lalu ripa rija
homem belo de guerra
ferro que aferra feras
Bará Matador Latopá
não chora no olho e sim na venta
visitante que vem que nem guerra
enceta treta onde não tem
que sabe os óbices pra ser feliz
que cria encrenca e já desfaz

alguém chora agora no canto
Laroiê chega em pranto de sangue
alguém sofre um tanto no ventre
Laroiê chega em disenteria
alguém arruma um canto e briga
Laroiê puxa a faca arisca

Exu Lalu ripa rija
Laroiê ebora é Matador
homem baixo e homem alto
homem ágil feito vento
que pousa nas costas
que fala ontem hoje
antes do amanhecer
arapuca enlaçada
armadilha enlaçada
armadilha bruta não pega caramujo
pata de tigre não é leve em boca de cachorro
Exu não tire meu axé
só tire axé dos inimigos

Mlanmlan

Tirado de Verger (2012). O *mlanmlan* (milam-milam, se abrasileirarmos) são as evocações, louvores ou saudações poéticas aos voduns do mundo fon, embora também possam ser dedicadas à natureza e às pessoas, sobretudo ancestrais, muitas vezes na forma de alistamento de epítetos e feitos, ou então numa pequena narrativa que eleva e presentifica seu objeto. Nesse sentido, é uma poética muito próxima daquela um pouco mais conhecida no oriqui iorubano, mas também, no plano cantado, tem associação com as *mambu*.

Agbo hanyan hanyan gba
Agbo djun kolikita
Agbo sekwesu
Agbo nu hanyan hanyan
Agbo alaṣo

Agbô é caos em volta
Agbô só faz balbúrdia
Agbô seu nome à noite
Agbô boca no caos
Agbô dono do alá

Orin Èsù

Todos os textos desta seção foram tirados de Sàlámì e Ribeiro (2011), alguns deles presentes também em Sàlámì (1991). Mantenho sua grafia.

1.
Irúnmalè ẹ ṣe ojú dé o
ọ̀rọ̀, ọ̀rọ̀ nlọ o, ọ̀rọ̀.
Igba ìmàlẹ̀ ẹ ṣe ojú dé o
ọ̀rọ̀, ọ̀rọ̀ nlọ o, ọ̀rọ̀.
Oṣó iléẹ ẹ ṣe ojú dé o
ọ̀rọ̀, ọ̀rọ̀ nlọ o, ọ̀rọ̀.
Ajẹ́ ilé ẹ ṣe ojú dé o
ọ̀rọ̀, ọ̀rọ̀ nlọ o, ọ̀rọ̀.
Olóògùn ìkà ẹ ṣe ojú dé o,
ọ̀rọ̀, ọ̀rọ̀ nlọ o, ọ̀rọ̀.
Abínú ẹni ẹ ṣe ojú dé o,
ọ̀rọ̀, ọ̀rọ̀ nlọ o, ọ̀rọ̀.
Aba tẹnijé ẹ ṣe ojú dé o,
ọ̀rọ̀, ọ̀rọ̀ nlọ o, ọ̀rọ̀.
Gbobo ibi, ẹ ṣe ojú dé o,
ọ̀rọ̀, ọ̀rọ̀ nlọ o, ọ̀rọ̀.
Gbobo yín, ẹ paradà,
ẹbọ, ẹbọ nbọ o, ẹbọ.

2.
Èṣù fi ire bò wá o.
ẹ̀là fi ire bò wá yà yà.
Èṣù gbé ire ajé kò wá o.
ẹ̀là fi ire bò wá yà yà.
Iyá-mògún fi ire bò wá o.
ẹ̀là fi ire bò wá yà yà.

1.

Irunmalés olhem só pro chão
verbo — o verbo passa — o verbo
duzentos imalés olhem só pro chão
verbo — o verbo passa — o verbo
bruxos da casa olhem só pro chão
verbo — o verbo passa — o verbo
bruxas da casa olhem só pro chão
verbo — o verbo passa — o verbo
os remedeiros olhem só pro chão
verbo — o verbo passa — o verbo
gente malvada olhe só pro chão
verbo — o verbo passa — o verbo
os invejosos olhem só pro chão
verbo — o verbo passa — o verbo
toda maldade olhe só pro chão
verbo — o verbo passa — o verbo
todos os males sumam já
ebó — o ebó já passa o ebó

2.

Exu nos farte só do bom
Elá nos farte só de sorte
Exu nos farte só do bem mais bom
Elá nos farte só de sorte
Mãe-só-gume nos farte só do bom
Elá nos farte só de sorte

3.
ẹ̀yìn la fi nkó ayọ̀ wálé o
ẹ̀yìn
Èṣù ọ̀dàrà fi ohùn rere balẹ̀ o
ẹ̀yìn la fi kó ire wálé o
ẹ̀yìn
Ọmọ Èṣù ọmọ gbogbo imalẹ̀, fi èyin ru ayọ̀ wálé o
ẹ̀yìn
ẹ̀yìn ni ìyàwó òrìṣà l fii ko iyì wálé o,
ẹ̀yìn,
ẹ̀yìn ni ìyàwó òrìṣà l fii k'ówó wálé o,
ẹ̀yìn,
ẹ̀yìn ni ìyàwó òrìṣà l fii kọlá wálé o,
ẹ̀yìn,
ẹ̀yìn ni ìyàwó òrìṣà l fii ko alaáfià wálé o,
ẹ̀yìn.

4.
Kíni o gbè e o?
Èṣù ni o gbè ìyá mi,
Kíni o gbè e o?
Èṣù ni o gbè ìyá mi,
Èṣù onílé owó,
Èṣù ni o gbè e ìyá mi,
Èṣù ọlọ́nà ọlà,
Èṣù ni o gbè ìyá mi.

3.
de ré se traz sorriso ao nosso lar
de ré
Exu Odara faz bondade em boa nova
de ré se traz sorriso ao nosso lar
de ré
filho de Exu com imalés traz de ré sorriso ao nosso lar
de ré
de ré o feito de orixá traz honra ao nosso lar
de ré
de ré o feito de orixá traz bem e bens ao nosso lar
de ré
de ré o feito de orixá traz graça e bens ao nosso lar
de ré
de ré o feito de orixá traz saúde e alegria ao nosso lar
de ré

4.
quem vai apoiar
          Exu apoia a minha mãe
quem vai apoiar
          Exu apoia a minha mãe
Exu rei do lar da grana
          Exu apoia a minha mãe
Exu da estrada abastada
          Exu apoia a minha mãe

5.

(Babalórìṣà/Iyálórìṣà)
Èṣù, a gbé ẹbọ dà ló bí ẹ
Lẹ́gbara, a gbé ẹbọ dà ló bí ẹ
Elẹ́gbára, a gbé ẹbọ dà ló bí ẹ
Alágbárà, a gbé ẹbọ dà ló bí ẹ
Ọṣẹ̀ẹ̀tuùrá, a gbé ẹbọ dà ló bí ẹ

(Egbè)
Èṣù, a gbé ẹbọ dà ló ni orí ẹ
Lẹ́gbara, a gbé ẹbọ dà ló ni orí ẹ
Elẹ́gbára, a gbé ẹbọ dà ló ni orí ẹ
Alágbárà, a gbé ẹbọ dà ló ni orí ẹ
Ọṣẹ̀ẹ̀tuùrá, a gbé ẹbọ dà ló ni orí ẹ

(Babalórìṣà/Iyálórìṣà ati Egbè)
Èṣù, a gbé ẹbọ dà ló bí wá
Lẹ́gbara, a gbé ẹbọ dà ló bí wá o
Elẹ́gbára, a gbé ẹbọ dà ló bí wá o
Alágbárà, a gbé ẹbọ dà ló bí wá o
Ọṣẹ̀ẹ̀tuùrá, a gbé ẹbọ dà ló bí wá o.

6.

Oníta yà wá gbá ita o,
Èṣù Elẹ́gbara, wá gbá ita
Ẹbọra tí njẹ́ látọọ̀pa
Ẹbọ ita rẹ o
Wá gbá ẹbọ rẹ o,
Èṣù, ìwọ ni oníta o,
Yà wá o,
Kí o wá gbá ita rẹ,

5.

(*Babalorixá/Ialorixá*)

Exu porta-ebó te deu nascer
Legbará porta-ebó te deu nascer
Elegbará porta-ebó te deu nascer
Alagbará porta-ebó te deu nascer
Oxeturá porta-ebó te deu nascer

(*Coro*)

Exu porta-ebó te deu ori
Legbará porta-ebó te deu ori
Elegbará porta-ebó te deu ori
Alagbará porta-ebó te deu ori
Oxeturá porta-ebó te deu ori

(*Babalorixá/Ialorixá e Coro*)

Exu porta-ebó te deu nascer
Legbará porta-ebó é nosso pai
Elegbará porta-ebó é nosso pai
Alagbará porta-ebó é nosso pai
Oxeturá porta-ebó é nosso pai

6.

Dono do itá aceite o itá
Exu Elegbará aceite o itá
mestre chamado Matador
veja o ebó do itá
aceite o ebó do itá
Exu dono do itá
venha cá
e aceite o ebó do itá

Èṣù onílé oríta yà wá o,
Kí o wá gbá iré ẹbọ,
Nílé òrìṣà wá, a r'ohun fún Èṣù
Onílé oríta, Èṣù ọ̀dàrà
Èṣù elépo lẹ́nu
Èṣù ọkùnrin
Ọkùnrin kúkúrú, ọkùnrin gògòrò
Èṣù, a báni wá ọ̀ràn bí a ò rídá
A lé ténté sí ẹ́yìn elẹ́yìn
Èṣù láàlú
Ìwọ ni oníta
Yà wá gbá iré rẹ o, Èṣù.

7.
ẹ̀jẹ̀ roro
Ní m'ògún, lórí Èṣù o
Aṣónṣó abẹ, ẹ̀jẹ̀
Aṣónṣó abẹ, ẹ̀jẹ̀
Láàlú kò ní orí ẹrù
Aṣónṣó abẹ, ẹ̀jẹ̀ lórí Èṣù
Ọdàrà, ko ni orí ẹrù o
Aṣónṣó abẹ, ẹ̀jẹ̀ lórí Èṣù.

8.
ẹ̀jẹ̀ balẹ̀, Kí ara rọ̀
Èṣù ṣaara ṣóró
ẹ̀jẹ̀ balẹ̀, Kí ara rọ̀
Èṣù ṣaara ṣóró
ẹ̀jẹ̀ balẹ̀, Kí ara rọ̀.

Exu senhor de encruza
aceite agora o seu ebó
nosso lar de orixá tem dom pra Exu
senhor da encruza Exu Odara
Exu dengo em dendê
Exu de alto a baixo
homem baixo e homem alto
Exu que enceta treta onde não tem
que pousa atrás e faz zás-trás
Exu Lalu
senhor do itá
aceite o ebó do bom
Exu

7.

sangue vital
com Ogum pro ori de Exu
faca no fio o sangue
faca no fio o sangue
Lalu sem ori pra eru
faca no fio sangue pra Exu
Odara sem ori pra eru
faca no fio sangue pra Exu

8.

sangue ao chão pra harmonizar
Exu liga corpo e ar
sangue ao chão pra harmonizar
Exu liga corpo e ar
sangue ao chão pra harmonizar

9.

(Babalórìṣà)
Ọdàrà dìmí mu
Kí o má yùn mí nù o.
Ìwèrè ara igi Kií nwọ̀ nù o.

(Egbè)
Èṣù dìmí mu
Kí o má yùn mí nù o.
Ìwèrè ara igi Kií nwọ̀ nù o.

9.
(*Babalorixá*)
Odara pegue-me
nunca solte a minha mão
folha do tronco nunca chega ao chão

(*Coro*)
Exu pegue-me
nunca solte a minha mão
folha do tronco nunca chega ao chão

Àdúrà Èsù

Adurá é uma reza ou súplica. Para a proposta tradutória a seguir, me baseio na edição e na tradução comentada de Sàlámì e Ribeiro (2011).

Kò nìí jẹ́ tiwa o
Ọ̀rọ̀ ti aò mọwọ́ mẹsẹ̀
Kò ní jẹ́ tiwa
Ní ọlá ọ̀dàrà kò ní jẹ́ tiwa
Ọ̀dàrà má jẹ̀ á rẹrù
Ẹlẹ́rù ni ó gbé e
Pere ni aó máa yọ
Ẹlẹ́rù ní ó gbé e
Èṣù Láàlú o!
Láàlú ológun òde
Ọlọ́gọ amoyin
Bara ọlọ́gọ amoyin
Má ṣe mí lu ènìyàn
Má ṣe ènìyàn lu mí
Ẹni tí ó nṣe iwájú wájú
Kó tirẹ̀ lọ

Súplica a Exu

não chegarão em nós não
tantos tormentos dos outros
não chegarão em nós
com dom de Odara não chegarão em nós
Odara não permita o azar
quem tem eru que leve
nós somos sempre ilesos
quem tem eru que leve
Ah Exu Lalu
Lalu de faca e feitiço
porreteiro e rei do espaço
Bará porreteiro e rei do espaço
não me jogue contra alguém
não jogue alguém contra mim
quem vaga avante sem axé
tira daqui

Ìbà Èsù

O ibá é uma saudação. Sigo a edição e a tradução comentada de Sàlámì e Ribeiro (2011), mas também consultei uma tradução anônima.[46] A divisão em estrofes eu fiz para explicitar ciclos temáticos e movimentos de saudação menores nessa saudação maior.

46. Disponível em: https://sites.google.com/site/ileolokunseniade/iba.

Ilẹ̀ ọ̀gẹ́rẹ́, ìbà
Ìwọ náà ni ó kọ́kọ́ tẹ̀,
Kí á tó tẹ omi,
Ẹ̀ṣù ọ̀dàrà, ibà
Ìbà ọ̀gànjọ́
Ìbà àṣẹ̀ṣẹ̀yọ òòrùn
Ìbà ìwo òòrùn
Ìbà akọ́dá,
Ìbà aṣẹ̀dá,
Tí nṣe ẹbọra ayé

Ìbà Ẹ̀ṣù ni à njú,
Ki á tó bọ Òrìṣà,
Mo dúró, mo júbà, Ẹ̀ṣù
Mo bẹ̀rẹ̀, mo júbà, Ẹ̀ṣù
Mo dọ̀bálẹ̀, mo júbà, Èsù
Mo júbà ọkùnrin
Mo júbà obìnrin,
Mo júbà ọmọdẹ́,
Mo júbà àgbà
ìbà gbogbo yin ki nto mú awo ṣe
Mo wa láti wá júbà rẹ Eṣu,

Alágbára aláṣẹ ọmọ Elédùnmarè,
Ìbà ni tìrẹ Ẹlẹ́gbara,
Ìbà ni tìrẹ o Ẹ̀ṣù,
À! Ìwọ Elẹ́gbara,
Ẹbọra Olówó ìjà,
Aṣọ̀tún, ṣòsì,
Láì ní ìtìjú,

Ibá a Exu

Terra Máter te saúdo
em ti ando primeiro
antes de entrar na água
Exu Odara te saúdo
saúdo a madrugada
saúdo o sol nascente
saúdo o sol poente
saúdo os primórdios
saúdo os princípios
veneráveis do Aiê

saúdo Exu primeiro
antes de outros orixás
de pé venero Exu
de cócoras venero Exu
deitado venero Exu
venero os homens
venero as mulheres
venero as crianças
venero os velhos
saúdo a todos antes do mistério
mas sobretudo Exu venero

Alagbará Alaxé filho de Eledumaré
saúdo a ti Elegbará
saúdo a ti Exu
ah tu Elegbará
ebora rico em rinha
à direita à esquerda
sem ter pejo

Èṣù Ọdàrà jẹ́ òwúrọ̀ mi ó sàn mi,
Èṣù Ọdàrà jẹ́ alẹ́ mi ó sàn mí,
Èṣù Ọdàrà ti njẹ́ Látọọpa
Elépo lẹ́nu,
Ọdàrà ti njẹ́ Elẹ́bàrà,
Ayí kọ́ndú sí ẹ̀yìn, ẹlẹ̀yìn,
Ọkùnrin ọ̀nà
Ọkùnrin ogun,
Onilé oríta,
Àgbà òrìṣà a sọ̀rọ̀ àná di òmíràn,
Láaróyè o,
Omi lẹ̀rọ̀ iná
Epo lẹ̀rọ̀ Èṣù,

Ìbà mi náà fún ẹ̀yin Iyá mí òṣòròngà,
Apani máyọda;
Olókìkí òru
Ìkóríta mẹ́ta àyé tòun ọ̀run, ìbà
ẹ̀yìn àyé, ẹ má da ilẹ̀ mi o
Nkò ní dá ti yin náà o
Ẹní bá dalẹ̀, kí ilẹ̀ mú lọọ o

Èṣù Aláṣẹ òrìṣà
Òun ló ṣe alákòso wá
Létí odò ọ̀dáleberu
Lẹ́gbẹ́ yèyé àti pèrègùn
Omi odò náà re o
Kò tìí gbẹ́ o
Yèyé etí odò nàá re o
Kò tìí gbẹ́ o
Pèrègùn etí odò nàá re o
Kò tìí gbẹ́ o

Exu Odara ajude a minha manhã
Exu Odara ajude a minha noite
Exu Odara é Matador
dengo em dendê
Odara é Elebará
que pousa nas costas
homem de estrada
homem de guerra
senhor da encruza
velho orixá que mexe no ontem
Laroiê
água amansa fogo
azeite amansa Exu

saúdo a vós também Mães Oxorongá
que inermes matais
donas da meia-noite
os trívios entre Aiê e Orum saúdo
jamais deixeis o Aiê
eu não vos deixarei em falta
quem trai a terra — a terra o desterre

Exu Alaxé de orixás
firmou a nossa fé à terra
na beira do Oladeberu
juntas ao santo cajá e peregum
vede as águas desse rio
vivo não seca
vede o santo cajá junto ao rio
vivo não seca
vede o santo peregum junto ao rio
vivo não seca

Ewé orí wọn- ọn kò ti wọ ewé o,
Èṣù má jẹ orí mi, Ẹlẹ́dàá mi
O sìn mi sílẹ̀ o.

Mo tún nfibà fún àwọn ọ̀kànlènígba imalẹ̀,
Tí wọn nṣe òjíṣẹ́ Elédùnmarè
Ìbà Èṣù Láàlú
Ẹni tí ẹ́ ngba àṣẹ lọ́wọ́ rẹ̀
Lẹ́gbara
Ìrawọ àkọ́da
Ọmọ Elédùnmarè
Ìwọ ló pa ọkọ sínú iná
Ó pa àlè si ìdi àrò
Ó tún wá pa íyàwó si ẹ̀yìn ilé
Ìbà rẹ, Èbìtì ọkùnrin
Má pa mi,
Má sì pa ènìyàn, símí lọ́rùn o,
Èṣù Láàlú, mo yílẹ̀
ẹ̀rù rẹ bà mi,
Ìwọ ẹbọra, olówó ẹ̀jẹ̀,
Mo júbà rẹ o,
Ọba àwọn imalẹ̀
Ẹni tí kò mọ̀ ẹ́
Ní npè ẹ́, ní oníkùmọ,

Èmi ní orígbémilékè,
Ọmọ Èṣù Òdàrà,
Ki ohun burúkú ó paradà láyé mi o
ẹ̀yin ọkànlènígba ẹbọra inú ayé
Ìbà yín o
Mo tún júbà ọgànjọ́,
Tí nṣe ọmọ ìyá òru

as folhas deles refolham vivas
Exu! dá força ao meu ori meu eledá
pra que não me abandonem

também saúdo os duzentos e um imalés
os mensageiros de Eledumaré
saúdo Exu Lalu
que cede aos outros seu axé
Legbará
estrela primeira
filho de Eledumaré
o esposo tu mataste ao fogo
o amante ao lado da fogueira
a esposa morta no quintal da casa
saúdo-te homem forte
não me mates
não mates quem descansa junto a mim
Exu Lalu eu toco a terra
temo e tremo por ti
ebora sangue nobre
venero-te
rei de imalés
só quem não te sabe
te chama porreteiro

o meu ori destrincha os inimigos
filho de Exu Odara
que cesse o mal na minha vida
ah duzentos e um eboras do Aiê
saúdo-vos
venero a madrugada
filha da meia-noite

Ọlọ́jọ́ òní ìbà,
Èṣù gànràngànràn
Tí mo nwò yìí
Tí nṣe aya ojú, ìbà
Èṣù Òdàrà ìràwọ̀ àkọ́dá
Ṣebí ìwọ ló ni,
Àṣẹ ẹbọ lọ́wọ́
Bí nbá rúbọ nkọ́ o
Jẹ́ ẹbọ mi ó dà o,
A jẹbọ, jẹ́ ẹbọ mi ó dà o, a jẹbọ

Mo tún njúbà òòrùn
Èyí tí nṣe aya òwúrọ̀ kùtù
Orí mi
Ẹlẹ́dàá mi
Ìbà rẹ o
Igi hu nínú igbó
Orí ilẹ̀ ni,
Àdá nṣiṣẹ́, orí ilẹ̀ ni,
Ọkọ nṣiṣẹ́ orí ilẹ̀ ni
Àyànmọ́ nàá nkọ́ o,
Orí ilẹ̀ nàá ni,
Lẹ́gbara mo júbà rẹ o,
Ma jẹ̀ ilẹ̀ yìí ó yọ,
Mọ́ọ̀ mi lẹ́sẹ̀ o,
Agbada níí ngbọ́ ohùn àkàrà
Lẹ́gbara wá gbọ ohùn mi o

Ìbà omi ni à njú, kí á tó pa ẹja
Ìbà igbó ni à njú, kí á tó ṣọdẹ
Ìbà nàà ni à njú, kí á tó pa ẹyẹ
Bi ọmọdé ba dé ibi òrò,

dono do hoje te saúdo
Exu desmedido
que olho
no olhar de esposa saúdo
Exu Odara estrela primeira
é todo teu
o axé de ebós
se faço o sacrifício
conceda dom de ebó
comendo ebó conceda o dom do meu ebó

venero o sol nascente
marido da manhã
meu ori
meu eledá
saúdo-vos
a árvore da mata
está no ori da terra
o facão ativo está no ori da terra
a enxada ativa está no ori da terra
e o destino onde está?
está no próprio ori da terra
Legbará te venero
que eu não deslize na terra
nem me trema sob os pés
se dendê quente escuta a voz do acará
Legbará escuta a minha voz

saúdo a água primeiro antes da pesca
saúdo a mata primeiro antes da caça
saúdo a mesma primeiro antes das aves
quem busca o fruto do orô

Láì juba, àwon Ìyá-mògún
Àwon Ìyá-mògún
Pẹ̀lú àṣe Èṣù Òdàrà
Wọ̀n a fi orí ẹ tẹ́lẹ̀ àpò
Èṣù Láàlú mo júbà rẹ o
Mo tún júbà ẹ̀yin Ìyá mi Òṣòròngà
Òpìkí elẹ́sẹ̀ osùn
Ajẹ̀fun jẹ̀dọ̀
Èṣù, má jẹ́ẹ̀ àwon Ìyá-mògún
Fí orí mi tẹ́lẹ̀ àpò
Ki nlè gbó, bí ogbó
Ki ntọ́
Ki ọjọ́ ayé mi ó dalẹ o,

ẹ̀yìn ọ̀kànlénírinwó imalẹ̀ náà nkọ́ ọ́
Ìbà ní mo njẹ́
Iṣẹ́ kọ́ ni mo rán yín
Bí mo tilẹ̀ rán yín
Ẹ má ṣe àì kò jẹ́ mi o
Ẹ má gbàgbé mi o,
Àgbàdo ki pa ọmọ kó gbàgbé ìrùkẹ̀rẹ̀

Èṣù Láàlú, ìbà rẹ o
Jẹ ilé ayé mi ó sàn mi
Kí o tù mi nẹ̀gẹnnẹ̀gẹn
Bí omi ódò afòwúrọ̀ pọn o
Èṣù Òdàrà kásẹ̀ nlẹ̀,
Kí nríbi lọ,
Èmi lọmọ àrọ̀ gdìgbà
Tí nbọ̀ lónà.
Láàlú, má jokòó lé mi
Kí o má tun jokòó le ọmọ mi

sem venerar as Mães-só-gume
as Mães-só-gume
junto ao axé de Exu Odara
elas botam seu pobre ori na bolsa
Exu Lalu venero-te
também venero as Mães Oxorongá
louváveis que ornam de urucum os pés
nutridas de miúdo e fígado
Exu me salve às Mães-só-gume
nem botem meu ori na bolsa
que eu mature e muito viva
que eu perdure
e vivendo cumpra a sina

e vós quatrocentos e um imalés
saúdo-vos
não quero aqui mandar
e mesmo se eu mandar
só peço — me atendei
só peço — recordai
milho que nasce não esconde seu pendão

Exu Lalu saúdo-te
pra ter a vida toda boa
mantendo a meta da harmonia
feito olho-d'água pego bem cedinho
Exu Odara espanta obstáculos
pra eu passar
sou filho do alto venerável
hoje a caminho
Lalu em mim não montes
não montes nos meus filhos

Èṣù ọkùnrin kúkúrú,
Tí n bẹ l'ọ̀nà ọjà
Èṣù má ṣe mi, ọmọ ẹlòmíràn ni o ṣe,
Èṣù Láàlú mo júbà rẹ o
Ìbà àyé o, Ìbà Èṣù.

Exu homem baixo
a caminho da feira
nunca me abatas teu axé
Exu Lalu venero-te
saúdo-te saúdo Exu

Obras consultadas

ACEVEDO, Claudia. *Orishas*. 2. ed. Ciudad de Panamá: Aurelia Ediciones, 2019.

ALFREDO, Jorge. Memória rítmica sem metrônomo: uma entrevista com Jaime Sodré. *Caderno de cinema*, 23 fev. 2013.

ALMEIDA, Antônia Maria; BARAÚNA, Gilberto Simões. *Gramática yorùbá para quem fala português*. Salvador: Sociedade de Preservação de Língua Yorùbá no Brasil (SP2YB); Fundação Gregório de Matos, 2001.

AMARAL, Henrique Provinzano (Org.). *ESTILHAÇOS*: Antologia de Poesia Haitiana Contemporânea. Trad.: Henrique Provinzano Amaral. São Paulo: Demônio Negro, 2020.

ASSIS JR., A. *Dicionário kimbundu-português*: linguístico, botânico, histórico e corográfico, seguido de um índice alfabético dos nomes próprios. Luanda: Argente, Santos e Cia. Ltda., [s.d.].

AUGRAS, Monique. *O duplo e a metamorfose*: a identidade mítica em comunidades nagô. 2. ed. Petrópolis: Vozes, 2008.

BARBIERI, Alan. *Exu*: fundamentos, firmezas, oferendas. São Paulo: Mariwô, 2020a. (Trilogia A Esquerda, 1).

BARBIERI, Alan. *Pombagira*: fundamentos, firmezas, oferendas. São Paulo: Mariwô, 2020b. (Trilogia A Esquerda, 2).

BARCELLOS, Mario Cesar. *Jamberesu*: as cantigas de Angola. Rio de Janeiro: Pallas, 2011.

BETANCOURT, Víctor. *El legado ritual lúkúmí*: lengua y liturgia afrocubanas. Ciudad de Panamá: Aurelia Ediciones, 2017. (Coleção Iroko).

BRANT, Sebastian. Das Narrenschiff. Disponível em: <https://www.projekt-gutenberg.org/brant/narrens/chap001.html>.

BRANT, Sebastian. *La nef des fous*. Trad. do alemão: Madeleine Horst. Strasbourg: La Nuée Bleue, 2005.

BRATHWAITE, Edward Kamau. *History of the Voice*: The Development of Nation Language in Anglophone Caribbean Poetry. Londres; Port of Spain: New Beacon Books, 1995.

BRATHWAITE, Edward Kamau. *Elegguas*. Middletown: Wesleyan University Press, 2010.

BRITTO, Paulo Henriques. Padrão e desvio no pentâmetro jâmbico inglês: um problema para a tradução. In: GUERINI, Andréia; TORRES, Marie-Hélène C.; COSTA, Walter Carlos (Orgs.). *Literatura traduzida e literatura nacional*. Rio de Janeiro: 7 Letras, 2008. p. 133-142.

CABRERA, Lydia. *El monte*. 5. ed. La Habana: Letras Cubanas, 2018.

CALLEGARI, Jeanne. eu, nascida mina e em altas tretas. *Fluxas* [Edição especial do *Fluxos*], São Paulo, p. 2, 8 mar. 2020. Disponível em: <https://tarsodemelo.files.wordpress.com/2020/03/fluxos-8m-2020_1.pdf>.

CAMPOS, Haroldo de. *Deus e o diabo no Fausto de Goethe*. São Paulo: Perspectiva, 1981.

CAMPOS, Haroldo de. Rosas rápidas (para Horácio). *Nexo*, v. 1, p. 20-21, jun. 1988.

CAMPOS, Haroldo de. *Crisantempo*: no espaço curvo nasce um. São Paulo Perspectiva, 1998.

CANIZARES, Baba Raul. *Eshu-Eleggua Elegbara*: Santería and the Orisha of the Crossroads. Plainview: Original Publications, 2000.

CAPILÉ, André. *Muimbu*. Juiz de Fora: Macondo, 2017.

CAPILÉ, André. *Chabu*. Rio de Janeiro: TextoTerritório, 2019a.

CAPILÉ, André. *Rebute*. Rio de Janeiro: TextoTerritório, 2019b.

CAPONE, Stefania. *A busca da África no candomblé*: tradição e poder no Brasil. Trad.: Procópio Abreu. Rio de Janeiro: Contra Capa; Pallas, 2004.

CARNEIRO, Edison. *Candomblés da Bahia*. 9. ed. São Paulo: WMF Martins Fontes, 2008.

CARNEIRO, Tom Jones da Silva. Traduções "ficcionais": poéticas da oralidade do culto xangô do Recife. 2017. Dissertação (Mestrado em Estudos da Tradução) — Programa de Pós-Graduação em Estudos da Tradução, Universidade Federal do Ceará, Fortaleza, 2017.

CARVALHO, José Jorge de. *Cantos sagrados do Xangô do Recife*. Brasília: Fundação Cultural Palmares, 1993a.

CARVALHO, José Jorge de. Estéticas da opacidade e da transparência: mito, música e ritual no culto xangô e na tradição erudita ocidental. *Anuário Antropológico*, Rio de Janeiro, n. 89, p. 83-116, 1993b. (Editora Tempo Brasileiro).

CASTRO, Yeda Pessoa de. Marcas de africania no português do Brasil: o legado negroafricano nas Américas. *Interdisciplinar*, Aracaju, v. 24, ano XI, p. 11-24, jan.-abr. 2016.

CÉSAIRE, Aimé. *Une tempête*: d'après "La tempête" de Shakespeare. Adaptation pour un théâtre nègre. Paris: Seuil, 1969.

CÉSAIRE, Aimé. *The Tempest*. Trad. do francês: Richard Miller. Nova York: Theatre Communications Group, 2002.

CÉSAIRE, Aimé. *Una tempestad*. Trad. do francês: Ana Ojeda. Buenos Aires: El 8vo. loco Ediciones, 2011.

CHAMOISEAU, Patrick; BERNABÉ, Jean; CONFIANT, Raphaël. Elogio da crioulidade. Trad.: Magdala França Vianna. In: *Antologia de textos fundadores do comparatismo literário interamericano*. Porto Alegre: UFRGS, [s.d.]. [n.p.]. 1 CD-ROM.

CINTRA, Raimundo. *Candomblé e umbanda*: o desafio brasileiro. São Paulo: Edições Paulinas, 1985.

COURLANDER, Harold. *Tales of the Yoruba Gods and Heroes*. Nova York: Crown Publishers, 1973.

CULTURA Bantu Ngola — Parte I. Disponível em: <https://centroafrobogota.com/attachments/article/4/Cultura%20Bantu%20Ngola,%20Parte%201.pdf>.

CRUZ, Adélcio de Souza. Canto-poema e samba-blues: estratégias poéticas afrodescendentes na poesia de Edimilson de Almeida Pereira. In: FERREIRA, Élio; MENDES, Algemira de Macedo (Orgs.). *Literatura afrodescendente*: memória e construção de identidades. São Paulo: Quilombhoje, 2011. p. 13-22.

DANIEL, Claudio. *Livro de orikis*. São Paulo: Patuá, 2015.

DIAS, André Luiz de Freitas; MACIEL JR., Sergio. Do som ao traço: o aspecto musical como processo de composição do poema. *Revista FronteiraZ*, São Paulo, n. 27, p. 65-78, dez. 2021.

DOMINGO, Nelson Aboy. *Orígenes de la Santería Cubana*: transculturación e identidad cultural. La Habana: Editorial de Ciencias Sociales, 2016.

DOVER, Kenneth James. *A homossexualidade na Grécia Antiga*. Trad.: Luís Sérgio Krausz. São Paulo: Nova Alexandria, 1994.

ELBEIN DOS SANTOS, Juana. *Os nagô e a morte*. 14. ed. Petrópolis: Vozes, 2012.

FLORES, Guilherme Gontijo. Posfácio. In: PROPÉRCIO. *Elegias de Sexto Propércio*. Trad. e org.: Guilherme Gontijo Flores. Belo Horizonte: Autêntica, 2014. p. 441-516.

FLORES, Guilherme Gontijo. Borrão de amores: Catulo e a política dos afetos. *Terceira Margem*, Rio de Janeiro, v. 21, n. 35, p. 1-21, 2017a.

FLORES, Guilherme Gontijo. *Safo*: fragmentos completos. São Paulo: Editora 34, 2017b.

FLORES, Guilherme Gontijo; GONÇALVES, Rodrigo Tadeu. *Algo infiel*: Corpo Performance Tradução. Florianópolis; São Paulo: Cultura e Barbárie; n-1 edições, 2017.

FONTENELLE, Aluizio. *Exu*. Diadema: Parzifal Publicações, 2018.

GASPAR, Eneida Duarte. (Org.). *Cantigas de umbanda e candomblé*: pontos cantados e riscados de orixás, caboclos, pretos-velhos e outras entidades. Rio de Janeiro: Pallas, 2011.

GATES JR., Henry Louis. *The Signifying Monkey*: A Theory of African-American Literary Criticism. Nova York: Oxford University Press, 1988.

GILROY, Paul. *O Atlântico negro*. Trad.: Cid Knipel Moreira. 2. ed. São Paulo; Rio de Janeiro: Editora 34; Universidade Candido Mendes (UCAM), 2012.

GLISSANT, Édouard. *Introdução a uma poética da diversidade*. Trad.: Enilce do Carmo Albergaria Rocha. Juiz de Fora: Editora UFJF, 2005.

GONÇALVES, Leo. *Use o assento para flutuar*. São Paulo: Patuá, 2012.

GUERRA, Jesús Fuentes. *Estudios de bantuidad*. La Habana: Editorial de Ciencias Sociales, 2018.

HERNÁNDEZ, Adrián de Souza. *Echu-Elegguá*: equilibrio dinámico de la existencia — Religión yorubá. 2. ed. La Habana: Ediciones Unión; Ediciones Ifatumó, 2015.

HOSHINO, Thiago A. P. *Nverso*. Bragança Paulista: Urutau, 2020

HUIZINGA, Johan. *Homo Ludens*: o jogo como elemento da cultura. Trad. do alemão: João Paulo Monteiro; trad. do inglês: Newton Cunha. 7. ed. São Paulo: Perspectiva, 2012. (Coleção Estudos).

JAGUN, Márcio de. *Yorùba*: vocabulário temático do candomblé. Rio de Janeiro: Litteris, 2017.

KILEUY, Odé; OXAGUIÃ, Vera de. *O candomblé bem explicado*: nações Bantu, Iorubá e Fon. Org.: Marcelo Barros. Rio de Janeiro: Pallas, 2018.

LA PORTA, Ernesto M. *Estudo psicanalítico dos rituais afro-brasileiros*. Rio de Janeiro; São Paulo: Livraria Atheneu, 1979.

LACHATAÑERÉ, Rómulo. *El sistema religioso de los afro-cubanos*. 2. ed. La Habana: Editorial de Ciencias Sociales, 2011. (Coleção Echu Bi).

LAMAN, Karl Edvard. *Dictionnaire kikongo-français*: avec une étude phonétique décrivant les dialectes le plus importants de la langue dite kikongo. Ridgewood, Nova Jersey: Gregg Press, 1964.

LAUTENSCHLAGER, Raphael Pappa. *Transversal do tempo*: transduzindo homoerotismos, assumindo anaqueernismos e questionando identidades na Grécia Arcaica e no Brasil do século XXI. 2021. Tese (Doutorado em Letras) — Programa de Pós-Graduação em Letras, Universidade Federal do Paraná, Curitiba, 2021.

LÉPINE, Claude. Análise formal do panteão nagô. In: MOURA, Carlos Eugênio Marcondes de (Org.). *Bandeira de Alairá*: outros escritos sobre a religião dos orixás. São Paulo: Nobel, 1982. p. 13-70.

LODY, Raul. *O povo do santo*: religião, história e cultura dos orixás, voduns, inquices e caboclos. 2. ed. São Paulo: WMF Martins Fontes, 2006.

LOPES, Nei. *Novo dicionário banto do Brasil*. Rio de Janeiro: Pallas, 2003.

MARQUES, Eliane. *E se alguém o pano*. Porto Alegre: Après Coup; Escola de Poesia, 2015.

MARTÍNEZ, Mirta Fernández; POTTS, Valentina Porras. *El ashé está en Cuba*. Ciudad de Panamá: Aurelia International, 2016.

MARTINS, Adilson. *Lendas de Exu*. 2. ed. Rio de Janeiro: Pallas, 2011.

MARTINS, Leda Maria. *A cena em sombras*. São Paulo: Perspectiva, 1995. (Coleção Debates).

MAUPOIL, Bernard. *A adivinhação na antiga Costa dos Escravos*. Trad.: Carlos Eugênio Marcondes de Moura. São Paulo: Edusp, 2017.

MILLER, Kei (Ed.). *New Caribbean Poetry*: An Anthology. Reino Unido: Carcanet Press, 2007.

NASCIMENTO, Abdias do. *Axés do sangue e da esperança (orikis)*. Rio de Janeiro: Achiamé; RIOARTE, 1983.

NOVAES, Luciana de Castro Nunes. *A morte visível e a vida invisível*: um estudo sobre o assentamento de Exu e a Paisagem Sagrada da Enseada de Água de Meninos, Salvador (Bahia). 2013. Dissertação (Mestrado em Arqueologia) — Programa de Pós-Graduação em Arqueologia, Universidade Federal de Sergipe, Laranjeiras 2013.

OGUNDIPẸ, Ayọdele. *Èṣù Ẹlégbára*: Chance, Uncertainly in Yorùbá Mythology. Malete: Kwara State University Press, 2012.

OLIVEIRA, Altair Bento de. *Àsèsé, o reinício da vida* (Apostila). Nova Iguaçu: Edição do autor, 1998.

OLIVEIRA, Altair Bento de. *Cantando para os Orixás*. 4. ed. Rio de Janeiro: Pallas, 2012.

OLIVEIRA, Waldir Freitas; LIMA, Vivaldo da Costa (Orgs.). Cartas de Edison Carneiro a Artur Ramos: de 4 de janeiro de 1936 a 6 de dezembro de 1938. São Paulo: Corrupio, 1987. (Série Baianada, 5).

ORTIZ, Renato. *A morte branca do feiticeiro negro*: umbanda, integração de uma religião numa sociedade de classes. Petrópolis: Vozes, 1978.

PAREDES, Eugênia Coelho. *Laroiê Exu*: notas de estudo sobre a umbanda e a quimbanda em Cuiabá. Cuiabá: EdUFMT; FAPEMAT, 2008. (Educação e Psicologia, 12).

PARÉS, Luis Nicolau. *O rei, o pai e a morte*: a religião vodum na antiga Costa dos Escravos na África Ocidental. São Paulo: Companhia das Letras, 2016.

PARÉS, Luis Nicolau. *A formação do candomblé*: história e ritual da nação jeje na Bahia. 3. ed. rev. e ampl. Campinas: Editora Unicamp, 2018.

PEREIRA, Edimilson de Almeida. Visitação. In: ______. *Livro de falas/Book of voices*. Juiz de Fora; Belo Horizonte: FUNALFA; Mazza Edições, 2008. p. 16.

PEREIRA, Edimilson de Almeida. *HOMELESS*. Belo Horizonte: Mazza Edições, 2010.

PEREIRA, Edimilson de Almeida. *A saliva da fala*: notas sobre a poética banto-católica no Brasil. Rio de Janeiro: Azougue, 2017a.

PEREIRA, Edimilson de Almeida. *Caderno de retorno*. Salvador: Ogum's Toques Negros, 2017b.

PEREIRA, Edimilson de Almeida. *E*. Ilustr.: Antônio Sérgio Moreira. São Paulo: Patuá, 2017c.

PEREIRA, Edimilson de Almeida. *Entre Orfe(x)u e Exunouveau*. Rio de Janeiro: Azougue, 2017d.

PIGNATARI, Décio. *Retrato do amor quando jovem*: Dante, Shakespeare, Sheridan e Goethe. São Paulo: Companhia das Letras, 2006.

PIGNATARI, Décio. Contradução. *Inimigo rumor*, n. 20. Rio de Janeiro; São Paulo: 7Letras; Cosac & Naify, 2007. p. 238-239.

PINTO, Altair (Org.). *Dicionário da umbanda*: anexo pequeno dicionário da língua yorubá. 6. ed. Rio de Janeiro: Editora Eco, [s.d.].

PORTUGAL FILHO, Fernandez. *Guia prático da língua yorùbá*. 3. ed. São Paulo: Madras, 2019.

PRANDI, Reginaldo. *Mitologia dos orixás*. Ilustr.: Pedro Rafael. São Paulo: Companhia das Letras, 2001.

RAMOS, Arthur. *Introdução à antropologia brasileira*: as culturas negras. Rio de Janeiro: Livraria Editora da Casa do Estudante do Brasil, [s.d.]. (Coleção Arthur Ramos, 3).

REGO, Waldeloir. Mitos e ritos africanos na Bahia. In: CARYBÉ. *Iconografia dos deuses africanos no candomblé da Bahia*. São Paulo: Raízes, 1980. p. 269-277.

RISÉRIO, Antonio. *Textos e tribos*: poéticas extraocidentais nos trópicos brasileiros. Rio de Janeiro: Imago, 1993.

RISÉRIO, Antonio. *Oriki Orixá*. São Paulo: Perspectiva, 1996.

RIVAS NETO, Francisco. *Exu*: o grande arcano. 4. ed. ampl. e reform. São Paulo: Ayom, 2011.

RIZZI, Nina. *Quando vieres ver um banzo cor de fogo*. São Paulo: Patuá, 2017.

RIZZI, Nina. Song, canção. *Blog A poema, tropicália gótica*, 21 jul. 2020.

RUFINO, Luiz. *Pedagogia das encruzilhadas*. Rio de Janeiro: Mórula, 2019.

SÀLÁMÌ, Síkírù. *Cânticos dos orixás na África*. São Paulo: Oduduwa, 1991.

SÀLÁMÌ, Síkírù; RIBEIRO, Ronilda Iyakemi. *Exu e a ordem do universo*. São Paulo: Oduduwa, 2011.

SANTOS, Rodrigo de Almeida dos. *Baraperspectivismo contra logocentrismo ou o trágico no prelúdio de uma filosofia da diáspora africana*. 2014. Dissertação (Mestrado em Filosofia) — Programa de Pós-Graduação em Filosofia, Universidade Federal do Rio de Janeiro, Rio de Janeiro, 2014.

SANTOS, Tiganá Santana Neves. *A cosmologia africana dos Bantu-Kongo por Bunseki Fu-Kiau*: tradução negra, reflexões e diálogos a partir do Brasil. 2019. (Doutorado em Estudos da Tradução) — Programa de Pós-Graduação em Letras e Ciências Humanas, Universidade de São Paulo, São Paulo, 2019.

SENA, Severino. *Cantando e tocando ijexá e barra-vento*. São Paulo: Madras, 2014.

SERRA, Ordep. *Louvor dos orixás*: cantos crioulos — Neorikis de Olufihan. São Paulo: Odysseus, 2018.

SHAKESPEARE, William. *Sonetos*. Trad. e notas: Jorge Wanderley. Rio de Janeiro: Civilização Brasileira, 1991.

SHAKESPEARE, William. *42 sonetos*. 4. ed. Trad.: Ivo Barroso. Rio de Janeiro: Nova Fronteira, 2005.

SILVA, Camila de Matos; FREITAS, Sávio Roberto Fonseca de. Os cantopoemas dentro do Congado: uma oralitura de identidade e resistência negra. *Identidade!*, São Leopoldo, v. 21, n. 2, p. 210-217, 2016.

SILVA, Cidinha da. *Um exu em Nova York*. Rio de Janeiro: Pallas, 2018.

SILVA, Vagner Gonçalves da. *Exu*: o guardião da casa do futuro. Rio de Janeiro: Pallas, 2015. (Coleção Orixás).

SIMAS, Luiz Antonio. *O corpo encantado das ruas*. 5. ed. Rio de Janeiro: Civilização Brasileira, 2019.

SODRÉ, Muniz. *Pensar nagô*. Petrópolis: Vozes, 2017.

VERGER, Pierre Fatumbi. *Notas sobre o culto aos orixás e voduns*. 2. ed. Trad.: Carlos Eugênio Marcondes de Moura. São Paulo: Edusp, 2012.

VERGER, Pierre Fatumbi. *Orixás*: deuses iorubás na África e no Novo Mundo. Trad.: Maria Aparecida da Nóbrega. Salvador: Fundação Pierre Verger, 2018.

VERGER, Pierre Fatumbi. *Lendas africanas dos orixás* — com ilustrações de Carybé. Trad.: Maria Aparecida da Nóbrega. Salvador: Fundação Pierre Verger, 2019.

Filmes

A BOCA DO MUNDO — EXU NO CANDOMBLÉ. Dir.: Eliane Coster, prod.: Oka Comunicações Brasil, São Paulo, 2009, 26'.

BAHIA DE TODOS OS EXUS. Dir.: Tuna Espinheira, prod.: Cinemateca do MAM; Embrafilme, Brasil, 1978, 30'.

DANÇA DAS CABAÇAS — EXU NO BRASIL. Dir.: Kiko Dinucci, prod.: Cine Baquira Filmes, Brasil, 2006, 54'.

EXU MANGUEIRA. Dir.: Jom Tob Azulay, prod.: Cinemateca do MAM; Alter Filmes, Brasil, 1974, 44'.

O PODER DO MACHADO DE XANGÔ. Dir.: Paulo Gil Soares, prod.: Rede Globo, 1976, 44'.

ÓNA. Dir.: Crua — Coletivo Criativo de Rua, prod.: Cinemateca do MAM; Alter Filmes, Brasil, 2014, 5'.

Agradecimentos

Deixo aqui meu imenso agradecimento à generosidade e amizade de André Capilé, verdadeiro irmão e mestre na poesia e nas conversas. Deixo aqui meu imenso agradecimento à generosidade e amizade de Guilherme Gontijo Flores, verdadeiro irmão e mestre na poesia e nas conversas. Sem esta ajuda mútua e a de outro amigo, Tiganá Santana, este trabalho não teria nem mesmo se articulado com a dignidade mínima para ganhar forma. E também ao olhar atento de Luciane Alves e Alexandre Nodari. Bem como à atenção e cuidado de Carolina Pedreira, além da compreensão de minha mãe, Patrícia, ao me poupar de funções litúrgicas no terreiro em algum momento, e de Giuliana, por eu não poder ter sido tão presente nas tratativas com Gaia.

Os autores

GGF é poeta, tradutor e professor na UFPR.

AC é poeta, tradutor e ogã — aliás Tata Kambondo.

Dados Internacionais de Catalogação na Publicação (CIP) de acordo com ISBD

F634t
Flores, Guilherme Gontijo
Tradução-Exu: ensaio de tempestades a caminho / Guilherme Gontijo Flores, André Capilé. - Belo Horizonte : Relicário, 2022.
264 p. ; 14cm x 21cm.
Inclui bibliografia.
ISBN: 978-65-89889-31-1
1. Literatura. 2. Ensaio. 3. Teoria da tradução. 4. Exu. I. Capilé, André. II. Título.
CDD 808.84
2022-463 CDU 82-4

COORDENAÇÃO EDITORIAL Maíra Nassif Passos
EDITOR-ASSISTENTE Thiago Landi
PROJETO GRÁFICO Ana C. Bahia
DIAGRAMAÇÃO E CAPA Caroline Gischewski
FOTOGRAFIA DA CAPA Kempton Vianna
REVISÃO Maria Fernanda Moreira
REVISÃO DE PROVAS Thiago Landi

Rua Machado, 155, casa 1, Colégio Batista | Belo Horizonte, MG, 31110-080
contato@relicarioedicoes.com | www.relicarioedicoes.com
@relicarioedicoes /relicario.edicoes

1ª EDIÇÃO [2022]

Esta obra foi composta em Charter e Trade Gothic e impressa
sobre papel Pólen Soft 80 g/m² para a Relicário Edições.